Grammatik und Zeichensetzung:

Alles klar!

Lern- und Übungsheft **1** *für das 5./6. Schuljahr*

Erarbeitet von Engelbert Kötter
Illustriert von Barbara Schumann

Cornelsen

Inhalt

Wortarten

Flektierbare (veränderliche) Wortarten

Nicht flektierbare (unveränderliche) Wortarten (Partikeln)

Wortarten im Überblick

Satzglieder

Satzglieder erkennen

Satzglieder bestimmen

Inhalt

Satzgliedteile

Satzglieder im Überblick

Sätze und Satzzeichen

Hauptsätze, Nebensätze, Zeichensetzung

Grundregeln der Zeichensetzung

Verb (Tätigkeitswort)

Person und Zahl

Mutter: „Claudia?“
Claudia: „Ja, Mama?“
Mutter: „Im Wohnzimmer.“
Claudia: „Gleich!“
Mutter: „Sofort!“
Claudia: „Aber mein Buch!“
Mutter: „Später!“
Claudia: „Mist! Immer ich!“
Mutter: „Na endlich!“
Claudia: „Ja?“

Solch ein ähnliches Gespräch kennst du sicherlich. Es kommt ohne jedes Verb (Tätigkeitswort) aus und dennoch wissen Claudia und ihre Mutter, was sie voneinander wollen.

1. *Formuliere das Gespräch neu, indem du die Verben in der Reihenfolge aus der Liste einsetzt. Du musst sie aber in der Form noch anpassen.*

(machen) – (sollen, tun) – warten – kommen – erscheinen – lesen – sich beschäftigen können – rufen – sein – möchten

Mutter: „Claudia, was machst du?“
Claudia: „Ja, Mutter, was soll ich denn tun?“
Mutter: ....
Claudia: ....
Mutter: ....
Claudia: ....
Mutter: ....
Claudia: ....
Mutter: ....
Claudia: ....

Verben *(Tätigkeitswörter) geben an, was* **ist** *oder* **geschieht***. Das können Zustände (ruhen), Vorgänge (erfrieren) oder Tätigkeiten (basteln) sein.*

Verb (Tätigkeitswort)

2. *Fülle die Leerstellen in den Sätzen aus. Nutze dazu die in der Grundform (Infinitiv) stehenden Verben aus den Kästchen.*

merken | jagen | kochen | können

a) Wenn ich Fieber habe, dann .... mein Vater mir den schrecklichen Fencheltee.

b) Dass mein Goldhamster sich davongemacht hatte, ... ich erst am nächsten Morgen.

c) Sobald ihr im Ferienhaus ankommt, ... Mücken euch durch alle Räume.

d) Hilfe, ich .... im Dunkeln den Lichtschalter nicht finden.

3. *Wodurch unterscheidet sich die gebeugte Form (Personalform) des Verbs vom Infinitiv? Kreuze richtig an.*

Es ändert sich die Endung des Verbs. ☐
Es kann sich auch der Stammvokal ändern. ☐
Es gibt keinen Unterschied. ☐

4. *Setze die alphabetisch geordneten Verben in die passenden Lücken im Text ein.*

ausmacht – bauen – beginnen – besteht – bleiben – einschlafen – enden – erklettern – erscheinen – finden – freuen – gebrauchen – hilft – ist – kann – machen – liegt – merken – tragen – vergeht – wegwerfen

Das Baumhaus

Die Kinder aus dem Steintor-Viertel, das im Neubaugebiet ...., ... ein Baumhaus. Dazu .... sie alte Latten, Nägel und alles, was die Leute sonst .... Die größte Schwierigkeit .... darin, einen geeigneten Baum zu .... Die Kinder .... alle Bäume, deren Äste ihnen stark genug .... Nur die wenigsten Bäume .... ein Baumhaus ohne Gefahr. Auf einer alten Buche .... sie schließlich mit der Arbeit.
Die Zeit .... wie im Flug. Jeder .... dem andern, so gut er ....
Die Mädchen.......................... die Arbeit so gut wie die Jungen. Sie .... bis zum Abend bei den Jungen, die vor Müdigkeit fast .... Aber auch die Mädchen .... die Anstrengungen sehr. Alle .... sich über die Arbeit, sodass ihnen die Mühe nichts .... In drei Tagen .... die Ferien, bis dahin.......................... das Baumhaus fertig.

Verb (Tätigkeitswort)

5. *An den Verbformen kannst du erkennen, welche persönlichen Fürwörter (Personalpronomen: ich, du, er ...) vorangestellt werden müssen oder können. Fülle den Lückentext aus. Manchmal gibt es mehrere Möglichkeiten.*

a) .... glaube natürlich nicht mehr an den Weihnachtsmann.
b) Trotz der Kälte trägt .... keinen Schutz.
c) Gestern sahen .... im Kino einen Zeichentrickfilm.
d) Am besten bringst .... mir das Computerbuch heute vorbei.
e) .... seid immer nur mutig, wenn es bestimmt keine Strafe gibt.
f) Über den Clown lachten ...., bis der Bauch wehtat.

6. *Welche der Verben aus dem Sack passen zu welchem Personalpronomen? Schreibe sie in die entsprechenden Windmühlenflügel.*

Verb (Tätigkeitswort)

Alle Verbformen, die du in der Tabelle siehst, nennt man **Personalformen**. *Diese geben an, über wen etwas ausgesagt wird. Die Grundform des Verbs nennt man* **Infinitiv**.

1. Person: ich/wir
Man spricht von sich selbst.

Singular *ich* **laufe**
Plural *wir* **laufen**

2. Person: du/ihr
Man spricht zu anderen.

Singular *du* **läufst**
Plural *ihr* **lauft**

3. Person: er/sie/es/sie
Man spricht von anderen.

Singular *er* **läuft**
sie **läuft**
es **läuft**
Plural *sie* **laufen**

	Person	*Vorsilbe*	*Stamm*	**Endung**	*Zahlform*
Infinitiv		be	rat	en	
Personalform	1. **ich**	be	rat	**e**	
	2. **du**	be	rät	**st**	*Singular*
	3. **er**	be	rät		
	1. **wir**	be	rat	**en**	
	2. **ihr**	be	rat	**et**	*Plural*
	3. **sie**	be	rat	**en**	

7. *Setze die Verben, die in der Grundform (Infinitiv) stehen, in der Personalform in die Satzlücken ein und bestimme dann die Person und die Zahlform. Orientiere dich an der Tabelle.*

fangen – klettern – können – segeln – tragen – treffen

a) Der Angler .... heute nur kleine Fische. (3. Person, Singular)
b) .... du mich morgen von der Schule abholen? (......................................)
c) Morgen .... wir uns mit den Schülern aus Paris. (......................................)
d) Ihr .... die Kisten besser zu zweit! (......................................)
e) Die Boote .... unter vollem Zeug. (......................................)
f) Ich .... auf die höchsten Berge. (......................................)

Wenn du dir die Verben genauer ansiehst, kannst du feststellen, dass sie alle nach dem gleichen Prinzip gebaut sind. Sie bestehen aus einem **Verbstamm** *und einer* **Endung**.
Häufig kommt auch noch eine **Vorsilbe** *hinzu.*

Verb (Tätigkeitswort)

Zeitformen

Jetzt, sofort, immer! – Das Präsens

„Gibst du jetzt den Weg frei,
du Schnabbeldabbel!"
„Ich bleibe hier, du Wubbelschnubbel!"
„Dann kommen wir nicht vorbei,
du Habbelrabbel!" Und so stehen sie heute noch dort.

1. *Unterstreiche im oben stehenden Text die Verben und bestimme die Person und die Zahlform, in der sie stehen. Vergleiche die Endungen mit der Tabelle auf Seite 7.*

Die **Gegenwartsform** *(Präsens) des Verbs hat nach dem Wortstamm für jede Person eine bestimmte Endung:*

im **Singular***:*	*ich ......***e**	*im* **Plural***:*	*wir ......***en**
	*du ......***st**		*ihr ......***t**
	*er, sie, es ......***t**		*sie ......***en**

Das **Präsens** *drückt aus, dass etwas – jetzt – zum Zeitpunkt des Sprechens in der Gegenwart geschieht oder dass etwas immer gilt. (Sie streiten. Eins und eins ist zwei.)*

Alles auf einmal: Partizip I

2. *Überlege, zu welchem Zeitpunkt die beiden Handlungen in Satz* **a** *und die beiden Aktionen in Satz* **b** *stattfinden.*

a) Im Notenbuch blätternd suchte die Lehrerin nach einem passenden Lied.
b) Laut jubelnd sauste die Klasse auf den Hof.

3. *Verschiedene Dinge können in einem Satz zur gleichen Zeit verlaufen. Unterstreiche die Partizipien mit der Endung* **-end***. Schreibe die Sätze neu, indem du mit den Wörtern in den Klammern beginnst. Achtung: Komma!*

a) In die Luft guckend fiel Hans von der Kaimauer ins Wasser.
(Als) Als Hans in die Luft guckte, fiel er von der Kaimauer ins Wasser. ....

b) Kauend versuchte Franziska sich verständlich zu machen.
(Während) ....

c) Auf der Mauer liegend döste die Katze in der Sonne.
(Die Katze) .... und ....

Verb (Tätigkeitswort)

Das **Partizip I** *(auch Partizip Präsens oder Verlaufsform) besteht aus dem Verbstamm mit der Endung* **-end**: *lieb-end, reiz-end, laut-end*

4. *Wie unterscheidet sich das Partizip I vom Infinitiv? Kreuze an.*

An den Verbstamm wird -end angehängt. ☐
Ich kann keinen Unterschied finden. ☐
Ein Geschehen verläuft gleichzeitig mit einem anderen. ☐

Damals war's: Präteritum

5. *Umkreise in den folgenden Sätzen bei den Verben Vorsilben, Stämme und Endungen mit unterschiedlichen Farben.*

a) Der Nebel e n t w i c k e l t e sich zu einer Milchsuppe.
b) Und dann ü b e r h ö r t e niemand dieses unheimliche Heulen.
c) Plötzlich b e m e r k t e n viele Menschen ihre Angst.
d) Aber es v e r s t ä n d i g t e n sich nur zwei Hunde.

6. *Unterstreiche die Verben. Forme die Sätze, die in der Vergangenheit stehen, in die Gegenwart um. Was geschieht bei einigen Verben mit dem Verbstamm?*

a) Die Leute aus dem Geschäft hielten ihn für einen Dieb.

....

b) Dabei bezahlte der Mann seine Sachen stets sofort.

....

c) Aber auch woanders verdächtigte man ihn immer wieder.

....

d) Das lag vielleicht an seiner typischen schwarzen Maske.

....

e) Schließlich gehörte er einmal zur Panzerknacker AG.

....

7. *Schreibe weitere Verben auf, bei denen sich der Stamm in der Vergangenheitsform ändert.*

....

Verb (Tätigkeitswort)

8. *Ordne nun die Verben aus Aufgabe 6 und 7 in die folgende Tabelle ein. Schreibe den Vokal des Wortstammes dabei farbig.*

Gegenwart (Präsens)	Vergangenheit (Präteritum)
halten	hielten

Verschlafen: Präteritum

9. *In welcher Zeitform stehen die unterstrichenen Verbformen? Ordne sie in der folgenden Tabelle richtig zu:*

Mimo kochte. Erst riss ihm der Schnürsenkel, dann kippte der Ranzen um. Der ganze Inhalt flog auf den Boden und verteilte sich in der Landschaft. Schnell bückte er sich. Als dabei auch noch der Hosenknopf absprang, hatte Mimo genug. Er stampfte mit dem Fuß auf und brüllte: „Mimo, du Schlafmütze, du kommst schon wieder zu spät!"

Infinitiv	3. Person Vergangenheit (Präteritum)	Infinitiv	3. Person Vergangenheit (Präteritum)
kochen	koch-te	reißen	riss
kippen	kipp-	fliegen	fl…g
verteilen		abspringen	
stampfen			
brüllen			
schwache Verben		starke Verben	

Verben, die ihre Vergangenheitsform (Präteritum) durch Einfügung eines **-t-** *bilden, nennen wir* **schwache Verben**. *Verben, die im Präteritum ihren* **Stamm verändern**, *nennen wir* **starke Verben**.
Ob bei einem Verb der Stamm gleich bleibt oder sich ändert, kannst du am besten feststellen, wenn du aus dem Infinitiv eine Personalform in der Vergangenheit bildest.
Im **Präteritum**, *der Vergangenheitsform, werden Dinge erzählt, die keinen direkten Bezug mehr zur Gegenwart (des Sprechenden) haben. (Es war einmal.)*

Verb (Tätigkeitswort)

10. *Berichte im Präteritum von einem Fantasie-Abenteuer. Verwende dabei folgende Verben. Du musst sie natürlich in der Form verändern.*

suchen donnern blitzen zittern finden erschrecken knarren verlaufen aufatmen stürmen geknallt

Aufgeschoben ist nicht aufgehoben: Perfekt

11. *Unterstreiche die zusammengehörenden Formen der Verben und stelle fest, wie diese Form, das Perfekt, gebildet wird, indem du die nachfolgende Tabelle ergänzt.*

„Heute haben wir uns mächtig gefreut! Die schwere Mathearbeit ist nämlich buchstäblich ins Wasser gefallen. Es hat in der Nacht so sehr geregnet, dass unsere Lehrerin einen großen Umweg zur Schule gefahren ist, weil der Fluss die Brücke weggespült hat. Deshalb ist Frau Murx 5 Minuten zu spät zur Schule gekommen und hat die Arbeit abgesagt."

Infinitiv	Hilfsverb	Partizip II
freuen	haben	ge freut
fallen	ist	ge fallen
regnen		
fahren		
wegspülen		
kommen		
absagen		

Verb (Tätigkeitswort)

*Das **Perfekt** besteht aus zwei Teilen:*
*einer Personalform der Hilfsverben **sein** und **haben** im Präsens und Verbformen wie „gefallen", „gefreut", „geklungen", „gelacht". Diese Formen nennt man **Partizip II**.*
*Das Perfekt bezeichnet eine **abgeschlossene** Handlung, die in die Gegenwart des Sprechenden hineinreicht. („Es hat geklingelt. Sie ist immer noch nicht gekommen.")*
*Es wird daher auch **Vorgegenwart** oder **vollendete Gegenwart** genannt.*
Mit dem Perfekt können wir auch zeigen, dass wir bei einem Geschehen mitfühlen. „Wir haben es geschafft!"

12. *Setze die folgenden Sätze ins Perfekt.*
Unterstreiche dann die beiden Teile des Perfekts, Hilfsverb und Partizip II.

Du kommst zu spät.

Du bist zu spät gekommen.

Der Zug fährt gerade ab.

....

Ich verschlafe seit einer Woche jeden Tag.

....

So ähnlich lautet auch meine Ausrede immer.

....

13. *Unterstreiche die Verben. Ergänze die Tabelle um die fehlenden Formen.*

Ben und Lale freuen sich immer sehr auf die Sommerferien. Heute war der letzte Schultag. Sie ließen alle Bücher zu Hause und nahmen nur Picknickkorb und Decke mit. Jeder aus der 6 a brachte für das Klassenbüfett im Stadtwald eine kleine Leckerei mit. Die Tischtennisplatte glich einer Festtafel.

Infinitiv	Präsens	Präteritum	Perfekt
sich freuen	sie freuen sich	sie freuten sich	sie haben sich gefreut

Verb (Tätigkeitswort)

Noch früher als früher: Plusquamperfekt

14. *Unterstreiche bei den Sätzen den Teil, der zuerst geschieht. Ordne dann die Verben daraus in die folgende Tabelle ein.*

Bevor er auch nur „Würstchen" sagen konnte, hatte sie ihn schon gefressen.
Bevor er sie anmeckerte, war er vom Sitz aufgesprungen.
Bis sie sich endlich vertrugen, war viel Zeit vergangen.

Infinitiv	Hilfsverb	Partizip II
fressen	hatte	gefressen
aufspringen		
vergehen		

15. *Bestimme nun die Zeitform des Hilfsverbs in Aufgabe 14.*

Das **Plusquamperfekt**, *die Vorvergangenheit, besteht aus zwei Teilen: einer Personalform der Hilfsverben* **sein** *oder* **haben** *im Präteritum und dem* **Partizip II** *des Verbs.*
Das Plusquamperfekt bezeichnet ein Geschehen, das vor einem anderen, bereits vergangenen Ereignis stattgefunden hat. Es wird daher auch Vorvergangenheit genannt.

16. *Setze die richtigen Zeitformen des Präteritums und des Plusquamperfekts in die folgenden Sätze ein.*

a) Weil es an diesem Morgen (schneien) .... , (können) .... wir mit den Skiern zur Schule fahren.

b) Das (sein) .... eine echte Nikolaus-Überraschung, die in wenigen Stunden den Winter in unsere Bergregion (bringen) ....

c) Leider (schmelzen) .... der Schnee .... , ehe die Weihnachtsferien (beginnen) ....

d) So (bleiben) .... uns wieder einmal nur der Ausflug ins Hallenbad.

Verb (Tätigkeitswort)

Geschenkt ist geschenkt: Partizip II

17. *Unterstreiche die Zeitformen, die ausdrücken, dass ein Geschehen bereits beendet, vollzogen ist, und schreibe jeweils die Infinitive zu diesen Formen hinter jeden Satz.*

a) Kaum hatte er die Bonbons gefunden, begann er sie alle aufzufuttern. (....finden..........)
b) Nachdem er Lieschen gehauen hatte, heulte sie sehr. (....................................)
c) Die Äpfel sind verschimmelt, deshalb kann man sie nicht mehr essen. (..........................)
d) „Wer hat meinen Filzstift genommen?", fragte Elke. (..................................)

Diese Form des Verbs, die ein **vollzogenes Geschehen** *kennzeichnet, heißt* **Partizip II** *(auch Partizip Perfekt oder* **Vollzugsform**). *Sie wird, wie du gesehen hast, zur Bildung von Perfekt und Plusquamperfekt benötigt. Das Partizip II wird gebildet aus der Vorsilbe ge-, dem Verbstamm und der Endung -(e)t oder -en (gebaut, geschwommen).*
Besitzt das Verb bereits eine Vorsilbe, kann die Vorsilbe ge- entfallen (verschimmelt, beschlossen).

18. *Füge die passenden Verben aus den Kästchen, die im Partizip II stehen, in die Sätze ein.*

getrunken | bemalt | geschlossen | gelacht

a) Die Kamele, die reichlich Wasser .... hatten, trotteten gemächlich durch die Wüste.
b) Die Spielzeugautos sind bunt ....
c) Als die Bergsteiger die Hüttentür .... hatten, begann es in Strömen zu regnen.
d) Die Schüler haben alle ....

19. *Wie unterscheidet sich das Partizip II (Vollzugsform des Verbs) vom Infinitiv? Kreuze an.*

Eine Vorsilbe steht vor dem Stamm. ☐
Die Vorsilbe ist häufig ein ge-. ☐
Die Handlung ist immer bereits vollzogen. ☐
Das Partizip II hat die Endung -(e)t oder -en. ☐

Was werden wir erleben? – Das Futur I

20. *Betrachte die unterstrichenen Verben und kreuze an, wie die Zukunftsform, das Futur I, gebildet wird.*

Wir werden morgen diesen dämlichen Aufsatz schreiben. Frau Müller wird ihn wie immer pünktlich einsammeln. Ob es auch diesmal wieder 3 Wochen dauern wird, bevor sie ihn zurückgibt?

mit dem Infinitiv ☐ *mit einer Form des Hilfsverbs werden* ☐

Verb (Tätigkeitswort)

Das **Futur I** *wird mit den* **Präsensformen** *des Hilfsverbs* **werden** *und dem* **Infinitiv** *gebildet. Es kann eine Ankündigung (Wir werden … schreiben) ausdrücken, eine Absicht (Das wird sich ändern), eine Aufforderung (Sie werden es sofort erledigen!) oder eine Vermutung (Es wird wie immer laufen).*

21. *Welche Zeitformen der Verben werden in den Sätzen verwendet? Kreuze an.*

a) Jan hatte sich in den Finger geschnitten.
b) Morgen komme ich dich zu Hause besuchen.
c) Alle Schulkinder werden mit dem Bus kommen.
d) Elke hat auf der Kirmes einen Teddy gewonnen.
e) Auf dem Dach balancierte der Schornsteinfeger.
f) Wer zuletzt lacht, lacht am besten.
g) Bis morgen werden wir bei euch bleiben.
h) Wie es in den Ferien wohl werden wird?

	Präsens	*Präteritum*	*Perfekt*	*Plusquam-perfekt*	*Futur I*
a					
b					
c					
d					
e					
f					
g					
h					

Infinitiv (Grundform)	*Partizip I (Verlaufsform)*	*Partizip II (Vollzugsform)*
tanzen	**tanzend**	**getanzt**

Was geschieht, kann man mit Hilfe der Verben in unterschiedlichen Zeitformen darstellen:

Präsens	*(Gegenwart)*	*Ich* **übe.**
Präteritum	*(Vergangenheit)*	*Ich* **übte.**
Perfekt	*(vollendete Gegenwart)*	*Ich* **habe geübt.**
Plusquamperfekt	*(Vorvergangenheit)*	*Ich* **hatte geübt.**
Futur I	*(1. Form der Zukunft)*	*Ich* **werde üben.**

Die zusammengesetzten Zeitformen werden mit den Hilfsverben **sein**, **haben** *und* **werden** *gebildet.*

Verb (Tätigkeitswort)

22. *Bilde von folgenden Verben die vorgegebenen Personalformen.*

Präsens	Präteritum	Perfekt	Plusquamperfekt	Futur I
ich laufe				
wir rufen				
du verlangst				
ihr lügt				
du kaufst				
sie schwimmt				
wir freuen uns				
es friert zu				
ich sehe fern				

23. *Bestimme in den folgenden Sätzen die Personalform des Verbs.*
Beispiel: Da **haben wir** *noch einmal Glück* **gehabt**. *(1. Person / Plural / Perfekt)*

	Person	*Zahl*	*Zeit*
Mir ist eine Spinne ins Milchglas gefallen.			
Er hatte seinen Schuh in der Dunkelheit verloren.			
Wir werden trainieren, trainieren, trainieren.			
Sie tranken die Gläser in einem Zug aus.			
Ihr kommt am besten mit dem Zug zu uns.			

Verb (Tätigkeitswort)

24. *Bilde mit den folgenden Verben je einen kurzen Satz in der angegebenen Zeitform. Unterstreiche das ganze Verb.*

a) austrinken (Perfekt) Peter hat seinen Kakao ausgetrunken.

b) austrinken (Präsens) Peter trinkt seinen Kakao aus.

c) wegbringen (Präteritum) ……………

d) wegbringen (Futur I) ……………

e) heimfahren (Präsens) ……………

f) heimfahren (Perfekt) ……………

g) wehtun (Präsens) ……………

h) wehtun (Plusquamperfekt) ……………

25. *Ersetze im folgenden Text die Formen des Präsens durch das Präteritum.*

Die Katze jagt in der Wohnung nach einer Motte. Dabei springt sie über Tisch und Bänke. Sie ist außer Rand und Band. Selbst die Gardinen klettert sie hoch. Dann macht sie einen Satz auf die Fensterbank. Die Motte fliegt durch das offene Fenster nach draußen. Und die Katze hechtet hinterher. Zum Glück wohnen wir in der ersten Etage.

Verb (Tätigkeitswort)

Aktiv und Passiv

Es kommt immer auf den Blickwinkel an!

Blickwinkel 1: *Du blickst aus dem Fenster und siehst, wie ein Hund einer Katze hinterherrennt, sie verfolgt.*

Blickwinkel 2: *Du blickst aus dem Fenster und siehst, wie eine Katze von einem Hund verfolgt wird.*

1. *Beschreibe im Heft mit eigenen Worten, wodurch sich der Blickwinkel 1 vom Blickwinkel 2 unterscheidet. Beantworte dabei folgende Fragen:*
Worauf richtet sich dein erstes Interesse? Wer steht im Mittelpunkt des Geschehens?
Wer tut etwas, mit wem geschieht etwas?

2. *Ordne die folgenden Sätze dem Blickwinkel 1 und Blickwinkel 2 zu, indem du richtig ankreuzt.*

Blickwinkel	1	2
a) Der Bergsteiger erklimmt den Berg.		
b) Der Berg wird erklommen.		
c) Johanna zerschoss mit dem Lederball die Fensterscheibe.		
d) Die Schaufensterscheibe wurde zertrümmert.		
e) Der Favorit gewann erwartungsgemäß den Langstreckenlauf.		
f) Das Wettrennen wurde erwartungsgemäß von einem Mann aus Kenia gewonnen.		
g) Dieses Auto verbraucht 8 Liter Benzin auf 100 Kilometer.		
h) Viel zu viel Benzin wird von dem alten Motor verbraucht.		

3. *Welche der folgenden Aussagen passt in Aufg. 2 zu Blickwinkel 1, welche zu Blickwinkel 2? Kreuze richtig an.*

Blickwinkel	1	2
a) Derjenige, der etwas tut, steht im Vordergrund des Geschehens.		
b) Der- oder dasjenige, mit dem etwas geschieht, steht im Vordergrund.		
c) Die Betrachtung gilt vor allem einem „Täter", von dem die Handlung ausgeht.		
d) Die Betrachtung gilt vor allem dem, der etwas „erleidet".		
e) Im Zentrum steht derjenige/dasjenige, der/das aktiv ist.		
f) Im Zentrum steht derjenige/dasjenige, der/das passiv ist.		

Verb (Tätigkeitswort)

Aktiv *und* **Passiv** *sind Verbformen, mit denen man ein Geschehen oder einen Zustand auf unterschiedliche Weise darstellen kann. Beim* **Aktiv** *steht der* **Handelnde** *im Mittelpunkt, beim* **Passiv** *das* **Geschehen** *selbst. Beispiel:*

Aktiv	*Petra*	*streichelt*	*den schwarzen Kater.*	
Passiv	*Der schwarze Kater*	*wird*	*von Petra*	*gestreichelt.*

Die Zeitformen des Passivs werden so gebildet:

Präsens	*Der Kater*	*wird*	*von Petra*	*gestreichelt.*
Präteritum	*Der Kater*	*wurde*	*von Petra*	*gestreichelt.*

4. *Unterstreiche in dem folgenden Text die Aktivsätze blau und die Passivsätze rot.*

Heute kommt der Schornsteinfeger. Die Heizung wird von ihm gewartet. Er wird auch den Schornstein überprüfen. Viel Ruß hat sich an der Kaminwand abgelagert. Immer wieder muss der Schornsteinfeger den Ruß entfernen, damit so die Abgase gemindert werden. Wenn er den Gasbrenner kontrolliert hat, werden auch die Abgaswerte gemessen.
Der Umweltschutz wird von meinen Eltern sehr ernst genommen.

5. *Formuliere die Aktivsätze ins Passiv um. Unterstreiche in den Aktivsätzen den Teil, von dem die Aktivität ausgeht, und in den Passivsätzen den Teil, mit dem etwas geschieht, in unterschiedlicher Farbe.*

a) Meine Schwester schreibt einen Brief.

....

b) Der geschwätzige Kellner brachte uns eine kalte Suppe.

....

c) Der Hund biss den keifenden Jogger ins linke Bein.

....

e) Immer vergisst der Lehrer seinen Regenschirm.

....

f) Unser Hund fraß die Aufschnittplatte leer.

....

Nomen/Substantiv (Namenwort)

Was Nomen/Substantive bezeichnen

Zum **Nomen** *kann man auch* **Substantiv** *oder* **Namenwort** *sagen.*

1. *Welche Nomen/Substantive werden hier gesucht?*
Trage die Buchstaben des gesuchten Hauptwortes waagerecht in die Kästchen 1 bis 5 ein.

a) Es ist weiß oder grau. Es ist weit entfernt über uns.
Es besteht aus Wassertröpfchen.

1	2	3	4	5
6	7	8	9	10
11	12	13	14	15
16	17	18	19	20
21	22	23	24	25
26	27	28	29	30

2. *Das erste Wort kennst du jetzt schon. Trage nun die Buchstaben der gesuchten Nomen/Substantive senkrecht in die Kästchen ein.*

a) Den habe ich, wenn ich gern etwas möchte. Wenn ich zu Hause helfe, habe ich manchmal so einen frei. (Kästchen 1 bis 26)

b) Wichtiges Fest, an dem Meister Lampe Eier und Süßigkeiten versteckt. (2 bis 27)

c) So nennt man Texte, die gesungen oder von Musik begleitet werden. (3 bis 28)

d) Darin sitze ich, wenn ich nicht mehr ein noch aus weiß. (4 bis 29)

e) Was habe ich, wenn mir etwas gelingt? Wie lautet das Substantiv von „erfolgreich"? (5 bis 30)

3. *Füge die Buchstaben der bezeichneten Rätselkästchen zu einem Wort zusammen.*
Achte auf die Großschreibung! Setze den bestimmten Artikel davor.

Bestimmte Artikel:
der, die, das

a) 12*8*16*21*26 ....

b) 1*8*14*16*29*25 ....

c) 7*12*5*15*15*23*11 ....

d) 19*20*25*4*13*22*29*8 ....

e) 22*20*7*5*27*4*20*26*25 ....

Nomen/Substantiv (Namenwort)

Mit **Nomen/Substantiv** *bezeichnet man Lebewesen und Dinge (oder Sachen) sowie Ereignisse, Gefühle, Gedanken und anderes. Nomen/Substantive werden großgeschrieben.*

4. *Setze in die Lücken das jeweils passende Namenwort ein:* Hund, Freude, Stein, Buch, Wettkampf.

Das Nomen/Substantiv .... bezeichnet ein Ding/eine Sache.
Das Nomen/Substantiv .... bezeichnet ein Gefühl.
Das Nomen/Substantiv .... bezeichnet ein Ereignis.
Das Nomen/Substantiv .... bezeichnet ein Ding/eine Sache.
Das Nomen/Substantiv .... bezeichnet ein Lebewesen.

5. *Ordne diese Nomen/Substantive. Es gibt von jeder Gruppe acht. Setze den bestimmten Artikel vor jedes Namenwort.*

Bezeichnungen für Lebewesen und Dinge	Bezeichnungen für Ereignisse, Gedanken, Gefühle und anderes
die Spinne	die Liebe

6. *Wähle fünf Nomen/Substantive aus Aufgabe 5 aus und schreibe mit ihnen eine kurze Geschichte in dein Heft.*

Nomen/Substantiv (Namenwort)

Genus (Geschlecht) der Nomen/Substantive: der – die – das?

1. *Setze vor die Nomen/Substantive die passenden Artikel:* **der – die – das**

a) An einem Baum stand .... Leiter des Gärtners.

b) .... Leiter unseres Surfkurses heißt Robbin Schreiber.

c) Am Morgen bedeckte .... Tau die Wiese vor dem Wald.

d) .... Tau hielt das Schiff trotz des Sturms am Kai.

e) .... Hut saß ihm auf dem Kopf wie eine Salatschüssel.

f) Die Entenmutter war vor dem Fuchs auf .... (!)Hut.

2. *Bilde selbst Sätze mit den folgenden Nomen/Substantiven, die auch zwei Bedeutungen haben. Wenn du eine der Bedeutungen nicht weißt, schlage im Lexikon nach.*

a) Kiefer ....

....

b) See ....

....

c) Mast ....

....

....

d) Junge ....

....

....

3. *Wodurch unterscheiden sich diese gleich lautenden Nomen/Substantive aus Aufgabe 8?*

....

....

Nomen/Substantive haben ein grammatisches **Geschlecht** *(lateinisch:* **Genus***).*
Sie sind **maskulin** *(männlich),* **feminin** *(weiblich) oder* **neutral** *(sächlich).*
Danach richtet sich der bestimmte Artikel, den man vor das Nomen/Substantiv setzen kann: der, die oder das.

Nomen/Substantiv (Namenwort)

4. *Ordne die folgenden Nomen/Substantive in die Tabelle ein. Wenn du dir nicht sicher bist, benutze ein Wörterbuch.*

Blume – Creme – Dotter – Fenster – Garage – Gedächtnis – Geld – Gulasch – Hemd – Hut – Keks – Kind – Kiste – Kohle – Liebe – Mathematik – Ofen – Plural – Präsens – Saal – Tisch – Zylinder

Maskulinum (männlich)	Femininum (weiblich)	Neutrum (sächlich)
der Hut	die Blume	das Fenster

5. *Bilde aus dem Wortpuzzle zusammengesetzte Nomen/Substantive und stelle den bestimmten Artikel voran. Es sind sechs zweiteilige Nomen/Substantive (wenn jedes Puzzleteil nur einmal verwendet wird).*
Beispiele: Tomaten + Saft = der Tomatensaft
brennen + Nessel = die Brennnessel

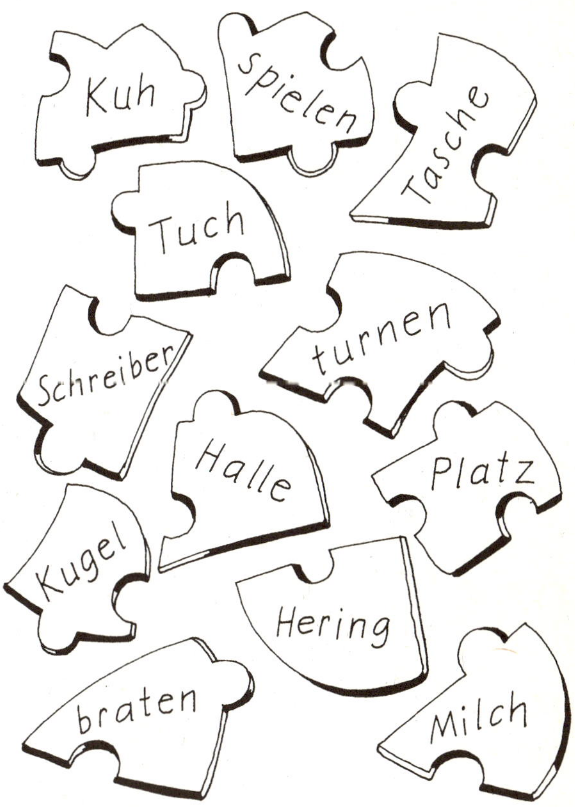

Nomen/Substantiv (Namenwort)

Numerus (Zahlform): Singular (Einzahl) oder Plural (Mehrzahl)?

1. *Einige Nomen/Substantive haben schwierige Pluralformen. Es sind meistens Wörter, die aus fremden Sprachen übernommen worden sind. Schlage die folgenden Namenwörter im Wörterbuch nach und trage die bestimmten Artikel und die Pluralformen ein.*

Artikel	Singular	Plural	Artikel	Singular	Plural
	Thema			Material	
	Kaktus			Museum	
	Rhythmus			Adverb	
	Prinzip			Atlas	
	Album			Konto	

Singular *(Einzahl) und* **Plural** *(Mehrzahl) nennt man zusammen* **Numerus**. *Von den meisten Nomen/Substantiven kann man den Singular und den Plural bilden.*

2. *Bilde von jedem Nomen/Substantiv aus Aufgabe 1 je einen Satz im Plural.*

Die Klassenarbeit hatte 3 Themen zur Auswahl.

3. *Einige Nomen/Substantive gibt es nur im Plural, z. B. die Eltern. Ergänze weitere Beispiele.*

Nomen/Substantiv (Namenwort)

Kasus (Fall) der Nomen/Substantive

Der bestimmte Artikel

1. *Ergänze im Lückentext jeweils das Nomen/Substantiv mit dem Artikel in der richtigen Form.*

a) Die Fee

...Die Fee......... flog nachts durch den dunklen Wald.

Die zarten Flügel ...der Fee........ leuchteten bläulich.

Das gibt .... einen Ausdruck von Verletzlichkeit.

Aber man kann .... nur in der Nähe erkennen.

b) Das Unglück

.... wäre sicherlich vermeidbar gewesen.

Die Folgen .... sind noch nicht abzusehen.

Nach .... folgte eine lange Zeit der Angst.

Er beschrieb .... in allen Einzelheiten.

c) Der Tag

.... begann mit hellem Sonnenschein.

Im Laufe .... zogen am Himmel dunkle Wolken auf.

Der beginnende Regen gab .... eine traurige Note.

Zum Baden können wir .... wohl abschreiben.

Den Fall eines Nomens/Substantivs kannst du an dem Artikel oder am Fragewort erkennen.

Fall	*Maskulinum*	*Femininum*	*Neutrum*	*Frage*
1. Fall Nominativ	*der Junge*	*die Frau*	*das Kind*	***wer oder was?***
2. Fall Genitiv	*des Jungen*	*der Frau*	*des Kindes*	***wessen?***
3. Fall Dativ	*dem Jungen*	*der Frau*	*dem Kind*	***wem?***
4. Fall Akkusativ	*den Jungen*	*die Frau*	*das Kind*	***wen oder was?***

Nomen/Substantiv (Namenwort)

2. *Dekliniere (beuge) drei der folgenden Nomen/Substantive mit dem dazugehörigen bestimmten Artikel. Schreibe dazu eine Geschichte mit den übrigen Namenwörtern in dein Heft.*

	Neutrum	Femininum	Maskulinum
Nominativ:	das Haus, das	die	der
Genitiv:	des Hauses,		
Dativ:	dem Haus,		
Akkusativ:	das Haus,		

Der unbestimmte Artikel

3. *Erfrage selbst (wie in der Tabelle auf Seite 25), in welchem Fall die Nomen/Substantive jeweils stehen. Schreibe den Kasus des erfragten Nomens/Substantivs in Klammern hinter die Frage.*

Das Kind der Frau brachte dem Straßenmusikanten das Geldstück.

1. das Kind: .... (........................)
2. der Frau: .... (........................)
3. dem Straßenmusikanten: .... (........................)
4. das Geldstück: .... (........................)

4. *Ersetze in dem obigen Satz die bestimmten Artikel durch den unbestimmten Artikel „ein".*

....

Fülle in den folgenden Sätzen die Leerstellen durch unbestimmte Artikel aus.

.... Maus kroch in .... Loch und fraß .... Brocken Brot.

.... Amsel wurde von .... Sonnenstrahl in blaues Licht getaucht.

5. *Kannst du den unbestimmten Artikel in den Plural setzen? Kreuze an.* JA ☐ NEIN ☐

Nomen/Substantiv (Namenwort)

Mein kater mau

Heute hat mir unser nachbar einen kleinen kater geschenkt. Der hat ein ganz schwarzes fell. Nur seine pfoten sind weiß. Die farbe seiner augen ist blau. Erst später wird er seine richtige augenfarbe bekommen. Ich habe dem kater den namen mau gegeben. Immer will er spielen. Die geschwindigkeit seiner bewegungen ist bewundernswert. Seine scharfen krallen haben mir schon so manchen kratzer beigebracht. Auch die mutter des kleinen katers ist manchmal sehr ungestüm. Das ist wohl bei allen katzen so. Meine mutter sagt, ich müsse den schlafplatz des katers selbst herrichten. Ich will es mau schön bequem machen, denn er darf in den ersten wochen nicht nach draußen.

6. *Alle Nomen/Substantive im Text sind kleingeschrieben. Schreibe den Text ab. Schreibe aber alle Namenwörter, wie es richtig ist, groß.*

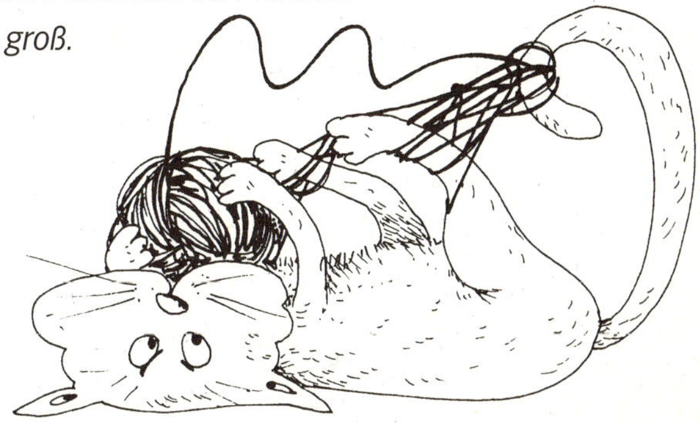

....

....

....

....

....

....

....

....

....

....

....

....

....

....

....

....

....

....

....

Kasus – Fall
1. *Nominativ:* **Wer oder was?**
2. *Genitiv:* **Wessen?**
3. *Dativ:* **Wem?**
4. *Akkusativ:* **Wen oder was?**

7. *Unterstreiche alle Nomen/Substantive im oben stehenden Text. (Nominativ = blau; Genitiv = grün; Dativ = rot; Akkusativ = gelb)*

Pronomen (Fürwort)

Personalpronomen (persönliches Fürwort)

Eine Nacht auf Burg Drachenstein

Sie hat zwölf geschlagen.
Draußen heult er um die Schlossmauern.
Sie wird nur durchbrochen durch ihren schwachen Glanz.
Noch liegen sie in ihnen und haben natürlich keine Angst.
Doch plötzlich springt es mit lautem Knall auf.
Er weht durch das dunkle Zimmer.

Sie hat etwas Unheimliches.
Schon bald beginnen sie zu klappern.
„Am besten, wir gehen zu ihm", denken die Kinder.
Aber sie können ihn nicht finden.
Er hätte ihnen auch bestimmt gesagt: „Legt euch ruhig wieder ins Bett.
Von ihnen haben wir viele im Jahr. Und sie gibt es nicht."
Trotz ihrer, die die Kinder sich vorstellen, können sie nicht einschlafen.
Denn er ist noch nicht zu Ende.
Was ist das? Wer hat ihn umgeworfen?

die Uhr – der Sturm – die Dunkelheit – der Sterne – die Kinder – den Betten – das Fenster – der Wind – die Situation – die Zähne der Kinder – Burgwart Fröhlich – die verschreckten Kinder – Herrn Fröhlich – den Angsthasen – solchen Nächten – Gespenster – der beruhigenden Worte – der Schrecken – den Stuhl

Pronomen (Fürwort)

1. *Die Geschichte auf Seite 28 ist so nicht verständlich. Übertrage die Geschichte und ersetze die gekennzeichneten Wörter durch die Nomen aus dem Kasten. Sie sind bereits in der richtigen Reihenfolge.*

Eine Nacht auf Burg Drachenstein

....

....

....

....

....

....

....

....

....

....

....

....

....

....

....

....

....

Die Wörter, die im Text auf Seite 28 stellvertretend für Nomen/Substantive stehen, heißen **persönliche Fürwörter** *oder* **Personalpronomen.**
Personalpronomen sind **Stellvertreter** *des Nomens/Substantivs.*
Sie passen sich in Kasus (Fall) und Numerus (Anzahl) dem Nomen/Substantiv an.

Personalpronomen

		Singular					Plural		
		1. Pers.	*2. Pers.*	*3. Person*			*1. Pers.*	*2. Pers.*	*3. Pers.*
	Nom.	*ich*	*du*	*er*	*sie*	*es*	*wir*	*ihr*	*sie*
Er gedenkt ...	**Gen.**	*meiner*	*deiner*	*seiner*	*ihrer*	*seiner*	*unser*	*euer*	*ihrer*
Er folgt ...	**Dat.**	*mir*	*dir*	*ihm*	*ihr*	*ihm*	*uns*	*euch*	*ihnen*
Er kennt ...	**Akk.**	*mich*	*dich*	*ihn*	*sie*	*es*	*uns*	*euch*	*sie*

Pronomen (Fürwort)

2. *Bestimme in den folgenden Sätzen Kasus und Numerus der hervorgehobenen Nomen/Substantive. Übertrage dann die Sätze und tausche die Nomen/Substantive durch Personalpronomen aus. Du kannst sie in dem Kästchen auf S. 29 finden. Schreibe die Personalpronomen in einer anderen Farbe.*

a) Detlev gibt **dem Busfahrer** (...Dativ, Singular....) seine Fahrkarte.

..Detlev gibt ihm seine Fahrkarte...

b) Die Mädchen werden von **den Jungen** (..) geärgert.

....

c) **Das Eis** (..) schmeckt mir wirklich gut.

....

d) Vera trinkt **die Milch** (..) ohne abzusetzen aus.

....

e) **Vera** (..) trinkt die Milch ohne abzusetzen aus.

....

f) Die Klasse gibt **dem Lehrer** (..) noch eine Chance.

....

g) Der Dieb gab **die Armbanduhr** (..) freiwillig zurück.

....

h) Wegen **der Sorgen** (..) konnte der Bauer nicht einschlafen.

....

i) Trotz **des Lottogewinns** (..) war er nicht glücklicher.

....

j) Die bunten Bücher gehören **den Schwestern** (..).

....

k) Das Gespräch wird **die Kinder** (..) überzeugen.

....

l) Wir schreiben **dem Verlag** (..) einen Brief.

....

Pronomen (Fürwort)

3. *Setze in der wörtlichen Rede die in Klammern stehenden Angaben in Personalpronomen um. Du kannst dazu in dem Kasten auf Seite 29 nachschlagen.*

a) Sebastian hat Gerd seine Uhr geliehen. Sebastian möchte die Uhr nun wiederhaben. Er fragt Gerd:

„Kannst *(2. Pers. Sing., Nominativ) (3. Pers. Sing., Akkusativ, Femininum) (1. Pers. Sing., Dativ)* wiedergeben?“

Kannst du sie mir wiedergeben? ....

....

b) Gabi will ihren Geburtstag feiern. Deshalb ruft sie in die Klasse:

„*(2. Pers. Plural, Nom.)* seid alle bei *(1. Pers. Sing., Dativ)* eingeladen. *(1. Pers. Sing., Nom.)* habe Geburtstag und freue *(1. Pers. Sing., Akk.)* auf *(2. Pers. Plural, Akk.)*!“

....

....

....

....

c) Ina ist in einer Skatergruppe, die im Fernsehen auftreten soll. Der Reporter fragt Ina:

„*(1. Pers. Plural, Nom.)* möchten von *(2. Pers. Plural, Dativ)* ein paar tolle Tricks sehen. Könnt *(2. Pers. Plural, Nom.) (3. Pers. Plural, Akk.) (1. Pers. Plural, Dativ)* vorführen?“

....

....

d) Jan hat sich im Werkunterricht in den Finger geschnitten, der sofort zu bluten beginnt. Aber Jan ist tapfer und sagt ganz cool:

„Könnt *(2. Pers. Plural, Nom.) (1. Pers. Sing., Dativ)* mal ein Pflaster holen oder soll *(1. Pers. Sing. Nom.)* verbluten? Beeilt *(2. Pers. Plural, Akk.)*!“

....

....

Pronomen (Fürwort)

4. *Trage die fehlenden Personalpronomen ein:*

Personalpronomen (persönliches Fürwort)
ich, du, er, sie, es, wir, ihr, sie

An alle Leidensgenossen!

Heute haben wir eine Mathearbeit geschrieben. .... war wieder einmal nicht leicht. .... ist ein Jammer, dass unsere Lehrerin .... immer so schwer macht. Zudem ist .... kaum möglich, abzuschreiben. .... werden stets auseinander gesetzt. .... finde das überhaupt nicht lustig. Ein Schülerleben ist, wie .... wissen, schon schwer genug. Wahrscheinlich geht .... so wie .... muss .... da wirklich etwas einfallen. Strengt .... an und sucht einen Trick, den die Lehrer noch nicht kennen. .... und die anderen Leidensgenossen warten sehnsüchtig auf neue Einfälle von ....

Possessivpronomen (besitzanzeigendes Fürwort)

Heiner und Martina haben wieder einmal ein Problem:

„Mein lieber Hasso!"
„Das ist gar nicht dein Hund!"
„Der Hund war mein Geschenk!"
„Unsere Eltern haben den Hund keinem geschenkt. Er gehört zu unserer Familie. Wenn überhaupt gehört er ihr."

„An seinem Verhalten kannst du sehen, dass der Hund auf eure Streicheleien nicht hereinfällt. Und deine Süßigkeiten mag er erst recht nicht."
„Das mag ja in deiner Vorstellung so sein. Meine Erfahrungen sind da ganz anders." „Sieh doch nur seinen wedelnden Schwanz und wie seine Augen leuchten. Er weiß, dass ich meine Jacke und sein Halsband hole und wir unsere Runde durch den Stadtpark drehen."
„Dann denk doch, es sei dein Hund. Auf unsere Hilfe brauchst du dann aber nicht mehr zu rechnen. Was unsere Eltern wohl sagen? Auf ihre Meinung bin ich gespannt. Bestimmt sagen sie auch, dass es unser Hund ist." „Mir ist eure Meinung ganz egal. Meinen Hund gebe ich nicht mehr her."

Pronomen (Fürwort)

1. *Unterstreiche die Wörter in dem Streitgespräch auf Seite 32, die angeben, wem etwas gehört, wem etwas zugeordnet wird. Übertrage die Wörter anschließend geordnet in die Tabelle.*

Singular			Plural		
1. Person	2. Person	3. Person	1. Person	2. Person	3. Person
mein	dein	sein	unser	euer	ihr

2. *Formuliere den ersten Satz um. Füge dazu die hervorgehobenen Wörter des Klammersatzes so ein, dass sie als Pronomen den Besitz anzeigen.*

Possessivpronomen:
mein, dein, sein, ihr, unser, euer, ihr

An der Wand hängt ein Bild. *(Das Bild gehört* **mir***.)*

An der Wand hängt mein Bild.

Susanne trägt auf der Klassenfahrt den Anorak. *(Er gehört* **dir***.)*

Die Frau verkauft das Fahrrad. *(Das Fahrrad gehört* **der Frau***.)*

Erst trinken wir die Limonade aus. *(Die Limonade gehört* **uns***.)*

Der Kaufmann wird das Geld zurückgeben. *(Das Geld gehört* **euch***.)*

Unter dem Bett liegen die Comics. *(Die Comics gehören* **mir***.)*

Die Kinder wollen die Computerspiele haben. *(Es sind* **Timos***.)*

Die Stewardess überprüft die Flugtickets. *(Die der* **Touristen***.)*

Franz verkauft die Eisenbahn. *(***Er** *hat sie geschenkt bekommen.)*

Pronomen (Fürwort)

3. *Ergänze sinngemäß:*

Das Abenteuerbuch gehört mir.	Es ist meins.
Die Spieledisketten gehören dir.	Es sind ………………………… .
Die Kamele gehören dem Zirkus.	Es sind ………………………… .
Die Anstecknadel gehört Inga.	Es ist ………………………… .
Die Käsebrötchen gehören uns.	Es sind ………………………… .
Die Mogelzettel gehören euch.	Es sind ………………………… .
Die leere Kiste gehört ihnen.	Es ist ………………………… .

Jedem Personalpronomen kann man ein **Possessivpronomen (besitzanzeigendes Fürwort)** *zuordnen: ich – mein; du – dein; er – sein; sie – ihr; es – sein;*
wir – unser; ihr – euer; sie – ihr.
Mit dem Possessivpronomen drückt man aus, dass etwas einer Person oder zu einem Gegenstand gehört. Die Form des Possessivpronomens richtet sich in Person, Genus (Geschlecht) und Numerus (Zahl) nach dem „Besitzer".

4. *Setze die sinngemäß passenden Possessivpronomen in den Lückentext ein.*

Der neue Schwimmmeister

Heute hat Schwimmmeister Franz ……………… ersten Arbeitstag. Die Sonne sendet ……………… Strahlen durch die hohen Fenster der Schwimmhalle. Franz kann ……………… Glück noch immer nicht trauen. Die Stadträte hatten auf ……………… letzten Ratssitzung beschlossen ihn einzustellen.
„Sie sind ……………… Mann!", hatte der Stadtdirektor gestern zu Franz gesagt. „Sie werden ……………… Sache gut machen." „Was mag diese unverhoffte Entscheidung wohl beeinflusst haben?", dachte er. „Ich kann ……………… Glück kaum fassen."
Ein Sprichwort lautet: Jeder ist ……………… Glückes Schmied. „Aber ich habe mich gar nicht angestrengt. Es ist geschehen ohne ……………… Dazutun. Dennoch müssen wir ……………… Chancen ergreifen, wenn sie sich anbieten." Unbeholfen wälzte sich Franz von ……………… Stuhl auf den Boden. Großzügig hatte man seine Mittagsportion reichlich bemessen. „Portionen müssen groß sein, wenn wir als Schwimmmeister

Pronomen (Fürwort)

.... Job gut machen wollen", schmatzte Franz hinter .... Bart. Nachdem er den Eimer leer gegessen hatte, balancierte er ihn auf .... Nasenspitze. Im Spiegel gegenüber sah er .... Spiegelbild. Die Haare .... Fells glänzten in der Sonne. .... Geschmeidigkeit macht Franz im Wasser besonders schnell. Jaja, so kann man auch als Seehund .... Glück machen.

Demonstrativpronomen (hinweisendes Fürwort)

Es ist ein heißer Sommer und Elke braucht dringend eine leckere Abkühlung. Ihr Taschengeld für diesen Monat hat sie noch nicht ausgegeben und so beschließt sie ein Eis am Kiosk zu holen. Herr Rübesalz, der Besitzer, weiß schon, was sie will.

„Dies?"

„Das mit Schokolade drum herum."

„Dieses hier?"

„Nein, das links!"

„Immer willst du dasselbe!"

„Nein, heute jenes in der gelben Packung."

„Na, dann guten Appetit!"

„Das war ja wieder einmal ein kurzes Gespräch",
denkt Elke und knabbert die Schokolade vom Eis herunter.

Dieses kurze Gespräch klappt deswegen so gut, weil Herr Rübesalz und Elke bestimmte Wörter benutzen, die deutlich auf den Gesprächsgegenstand hinweisen.

1. *Unterstreiche die hinweisenden Wörter (Demonstrativpronomen) in dem Gespräch und sieh nach, ob sich unter den Buchtiteln weitere Demonstrativpromomen verbergen. Unterstreiche die, die du wieder entdeckst.*

Pronomen (Fürwort)

2. *Formuliere selbst ein kurzes Verkaufsgespräch in einer Bäckerei. Benutze dazu folgende hinweisende Pronomen:*

Demonstrativpronomen: **das, die, der, dieser, diese, dieses**

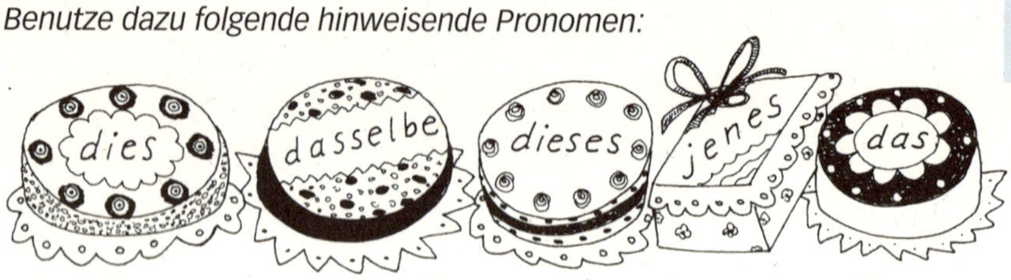

....

....

....

Hinweisende Fürwörter *nennt man auch* **Demonstrativpronomen**. *Wie alle Pronomen begleiten sie das Nomen/Substantiv oder können es auch ersetzen. Sie passen sich wie alle Pronomen in der Form dem Nomen/Substantiv an.*

3. *Setze in die Satzlücken die passenden Demonstrativpronomen ein.*

a) Der Hotelmanager fragte meine Eltern: „Wollen Sie .... Zimmer? Sie hatten .... schon während der letzten Ferien."

b) Tante Frieda schimpfte: „Es ist immer .... mit dir! Wie oft soll ich dir noch sagen, dass du .... T-Shirt nicht in der Schule anziehen sollst!"

c) Der Hausmeister der Schule wundert sich: „Es sind bestimmt immer .... Typen, die die Luft aus den Fahrradreifen lassen. .... muss einmal ein Ende haben! Morgen werde ich .... Angelegenheit der Polizei melden."

d) Im Gemüseladen bietet die Verkäuferin Paul Äpfel an. „Möchtest du .... Äpfel oder möchtest du .... ?"

e) Wenn Mutter ein Märchen erzählte, dann begann sie .... stets mit: „Es war einmal in .... Tagen, als die Menschen noch ..."

f) Immer wenn die große Schwester Klaus übers Haar strich, brüllte ....: „Ich will .... nicht! .... Spielchen kannst du mit deinem Freund machen. Es ist doch noch .... oder hast du schon wieder einen neuen?"

g) Susi will wissen, was Gerd ihr zum Geburtstag schenkt. Der tut aber sehr geheimnisvoll: „Oh, so .... und ...."

diese / dieses / diese / das / das / das / dasselbe / dasselbe / dasselbe / dieses / dieses / dieselben / derselbe / jenen / jenes / jene / dieser

Pronomen (Fürwort)

4. *Der Text enthält zahlreiche Pronomen. Unterstreiche die* **Demonstrativ-** *und* **Possessivpronomen**. *Es sind je vier.*

Diese Mathearbeiten können tatsächlich sehr anstrengend sein. Aber nicht alle meine Freunde klagen darüber. Die meisten Mädchen in unserer Klasse schaffen gute Noten. Wahrscheinlich ist euer Notendurchschnitt auch nicht schlecht. Nur jene klagen ständig, die nicht genug üben. Für dieses Fach muss man schon einige Zeit opfern. Aber unsere Zeit ist manchmal auch knapp bemessen. Diese muss man sich dann dennoch nehmen.

5. *Schreibe den Text ab und ersetze dort, wo es sinnvoll ist, die Wiederholungen durch ein Pronomen. Der Text klingt dann viel angenehmer.*

Seit ich mehr für das Fach Mathematik übe, macht das Fach mir viel mehr Spaß. Der Spaß kommt dadurch zu Stande, dass ich jetzt keine Angst mehr haben muss aufgerufen zu werden. Die Angst hatte mir den ganzen Schulvormittag verleidet. Der Schulvormittag geht dann nur sehr langsam und unter Stress vorbei. Auf den Stress kann ich mit Freude verzichten. Die Freude überträgt sich auch auf die anderen Fächer. In den anderen Fächern melde ich mich jetzt auch häufiger. Das häufigere Melden ist den Lehrern und meinen Mitschülern aufgefallen.

Adjektiv (Eigenschaftswort)

Unter Wasser

Die warmen Sonnenstrahlen spiegeln sich auf der ruhigen Wasseroberfläche und erzeugen helle, schnelle Reflexe auf den schroffen Felswänden. Unter Wasser ist von diesem schönen Schauspiel nichts mehr zu sehen. Hier bin ich in eine fast lautlose Stille eingetaucht. Sie bildet in ihrem bläulichen Schimmer einen krassen Gegensatz zu der doch recht geräuschvollen Welt da oben. Meine neue Schnorchelausrüstung ist aus bestem Material und so kann ich mich ganz auf die wunderbaren bunten Fische und bizarren Felsen konzentrieren. Da schwimmt ein riesiger Fisch auf mich zu. Seine enorme Größe verdunkelt das Riff. Er reißt sein riesengroßes Maul auf und ich sehe in seinen schwarzen Schlund. Da wirbelt er mit einem gewaltigen Schlag seiner muskulösen Schwanzflosse herum und ich erhalte einen dumpfen Schlag an den Kopf. Plötzlich sitze ich vor meinem kuscheligen Bett auf dem kalten Boden. Dämmriges Licht fällt durch die Gardinen und ich merke, wie eine hässliche Beule an meinem noch traumerfüllten Hinterkopf wächst.

1. *Unterstreiche in der Geschichte die Wörter, die die Eigenschaften der Nomen/Substantive näher beschreiben und kennzeichnen.*

Adjektive *benennen* **Merkmale** *und* **Eigenschaften**.
Sie können bei **Nomen/Substantiven** *stehen. Dann passen sie sich in Fall (Kasus), Geschlecht (Genus) und Zahl (Numerus) an. (Es sind* **schöne** *Ferien.)*
Adjektive können auch beim **Verb** *stehen. Dann verändern sie ihre Form meist nicht, es sei denn, sie werden gesteigert. (Diese Ferien sind* **kurz**. *Letztes Jahr waren sie* **länger**.*)*

Adjektiv (Eigenschaftswort)

2. *Liste nun die Adjektive (Eigenschaftswörter) aus dem Text auf Seite 38 in ihrer ungebeugten Form auf die Leerzeilen auf.*

warm ....

ruhig ....

....

....

....

....

....

Die Eigenschaftswörter **(Adjektive)**, *die du herausgeschrieben hast, können auch beim Verb stehen. Beispiel: Es ist ein* **heißer** *Sommer. Der Sommer ist* **heiß**. *Oder: Beim Formel-1-Rennen werden sehr* **schnelle** *Autos gefahren. Die Autos beim Formel-1-Rennen fahren sehr* **schnell**.

3. *Unterstreiche die Adjektive (Eigenschaftswörter) und formuliere die Sätze so um, dass die Adjektive beim Verb stehen. Dafür musst du ein anderes Verb suchen.*

a) Gerrit hat einen gelben Tornister.

Gerrits Tornister ....

b) Susanne besitzt eine alte, aber schöne Schmetterlingssammlung.

Susannes Schmetterlingssammlung ....

c) Der Sprinter läuft ein hohes Tempo.

Das Tempo des ....

4. *Unterstreiche die Adjektive und formuliere die Sätze so um, dass die Adjektive bei den passenden Nomen/Substantiven stehen.*

a) Heute war der Deutschunterricht sehr interessant.

Heute hatten wir ....

b) Das Eis beim Italiener ist lecker.

Beim Italiener ....

c) Von Ferne hörte man den Löwen gefährlich brüllen.

Von Ferne hörte man das ....

d) Die Lieder der Schülerband klangen ziemlich schräg.

Die Schülerband spielte ....

Adjektiv (Eigenschaftswort)

5. *Kreuze die richtigen Antworten an:*

Steht das Adjektiv beim Nomen/Substantiv, verändert es seine Form.	
Das Adjektiv passt sich in der Form dem Namenwort an.	
Steht das Adjektiv beim Verb, verändert es seine Form meist nicht.	

6. *Wenn du die folgende Geschichte ohne Adjektive liest, dann klingt sie recht farblos. Setze die Adjektive aus der Zeichnung passend in die Leerstellen ein oder überlege dir selbst passende Adjektive.*

.... **Gesellen**

Wenn der .... Mond am .... Himmel steht, dann kommen sie heraus. Sie flattern .... an der .... Sichel des Mondes vorbei. Auf ihrer .... Jagd interessieren sie nur die .... Insekten, die sich am Teich .... versammelt haben.

Wenn die .... Sommersonne am .... Himmel einen .... Schimmer verbreitet, dann ziehen sie sich .... in ihre .... Gemäuer zurück. Sie scheuen den .... Tag. Der gehört den .... Vögeln, die .... zwitschern. Im Gegensatz dazu sind sie schon ...., die Fledermäuse.

Adjektiv (Eigenschaftswort)

7. *Setze in die Lücken passende Adjektive ein.*

Wenn das Wetter .... ist, wollen wir einen .... Ausflug machen. Ich habe mir .... Brote gemacht und auch .... Getränke dabei. Wenn wir .... vorankommen, wie wir es uns vorgestellt haben, wollen wir noch vor Mittag auf dem .... Aussichtspunkt sein. Der .... Ausblick wird eine .... Belohnung für unsere Mühe sein.

8. *Im folgenden Text sind die Adjektive durcheinander geraten. Schreibe den Text neu, indem du die Adjektive passend an die richtige Stelle setzt.*

Meine dreibeinige Schwester fragte mich, ob ich ihren jähen Teddy gesehen hätte.
In einen neuen Anfall von wackeliger Wut, das bittere Biest hatte mich wieder einmal geärgert, hatte ich ihren unsicheren Teddy auf den kleinen Schrank geworfen.
Als ich auf dem berechtigten Stuhl auf dem großen Tisch stand, passierte es.
Die heftige Konstruktion brach zusammen.
Da lag ich mit meinem neuen Schmerz und war um eine nervige Erfahrung reicher.

....

....

....

....

....

....

....

....

....

....

....

....

....

Adjektiv (Eigenschaftswort)

Vergleichsformen

Mit Hilfe von Adjektiven kann man Vergleiche anstellen.

1. *Schreibe passende Vergleiche neben die Bilder.*

Bernd ist größer als Inge.

....

....

....

....

....

....

....

....

Für dieses Bild gilt:

....

....

....

....

....

....

....

....

....

....

....

....

Adjektiv (Eigenschaftswort)

Positiv *(Grundstufe)*	**Komparativ** *(Vergleichsstufe)*	**Superlativ** *(Hoch-/Höchststufe)*
Inge ist klein.	**Inge ist kleiner.**	**Inge ist am kleinsten.** **Inge ist die Kleinste.**
(so klein wie)	*(als die anderen)*	*(von allen)*

2. *Vergleiche Osterferien, Sommerferien und Herbstferien miteinander. Verwende das Adjektiv „kurz".*

Positiv: Die Sommerferien ....

Komparativ: Die Osterferien ....

Superlativ: Die Herbstferien ....

3. *Schlage die Vergleichsformen von „gut" im Lexikon nach.*

....

4. *Übertrage den Text und setze die Adjektive in der richtigen Form ein.*

Ferien sind viel (schön) als die Schulzeit. Vanilleeis schmeckt mir so (gut) wie Schokoladeneis. Der Läufer ist (langsam) von allen. Pferde sind (groß) als Zebras. Im Winter ist das Wasser (kalt) als im Sommer. Meine Mutter habe ich ebenso (lieb) wie meinen Vater. Das Flugzeug ist (schnell) von allen Verkehrsmitteln. Die Melone ist (wässrig) als ein Apfel.

....

....

....

....

....

....

....

....

....

....

Präposition (Verhältniswort)

1. *Sieh dir die Schilderung genau an. Welche Wörter fehlen im Text? Füge die passenden Präpositionen aus dem Kasten ein. Die Klammern musst du noch nicht ausfüllen.*

Eine Nacht im Gebirge

Wir warten .... (................) der Bushaltestelle .... (................) den Bergführer. Er soll uns .... (................) die Berge begleiten. Wir wollen eine Nacht .... (................) einer Berghütte .... (................) einem steilen Abhang verbringen. .... (................) den Rucksäcken .... (................) den Schultern ist es ein beschwerlicher Weg .... (................) der Hütte. Während die Sonne untergeht, bauen wir das Nachtlager .... (................) dem schrägen Dach der Hütte, ... (................) das schwere Steine gelegt worden sind. Schon bald stehen die ersten Sterne .... (................) dem dunklen Himmel. Keine Laute dringen .... (................) unser Ohr. Es ist eine ungewohnte Stille .... (................) uns. .... (................) der Natur kommen wir uns ganz klein vor. Erst jetzt merkt man, wie fremd uns die Natur geworden ist. .... (................) dem herrlichen Sonnenaufgang haben wir noch viel Zeit. .... (................) unsere Rucksäcke gelehnt, erzählen wir uns spannende Geschichten. .... (................) diese tollen Erlebnisse werden wir viel zu erzählen haben. Hoffentlich machen wir bald wieder so eine Tour, ... (................) die wir uns schon jetzt freuen.

gegen, an, unter, auf, in, an, auf, mit, zu, auf, an, für, inmitten, an, bis zu, in, über, auf

Präpositionen (Verhältniswörter) *drücken ein Verhältnis aus, z. B. ein* **räumliches (vor** *der Tür – wo?) oder ein* **zeitliches (vor** *dem Unterricht – wann?).*

Präposition (Verhältniswort)

Wenn **Präpositionen** *vor einem Nomen/Substantiv oder einem Pronomen stehen,*
fordern *sie* **einen bestimmten Fall** *(Kasus), z. B.*
den Dativ: mit, nach, bei, von …;
den Akkusativ: durch, für, ohne, um …;
den Dativ (auf die Frage „Wo?") oder Akkusativ (auf die Frage „Wohin?"): an, auf, hinter, nach, über, unter …;
den Genitiv: inmitten, wegen …

2. *In welchem Fall stehen die Nomen, die jeweils einer Präposition folgen?*

a) Markus **wirft** den Rucksack **auf das** Bett.

Wohin wirft Markus den Rucksack? ....auf das Bett .... (4. Fall / Akkus.)

b) Imke und Karla **stehen auf dem** Flur.

.... stehen Imke und Karla? .... (...... Fall / ....)

c) Wir **suchen** das Portmonee **unter dem** Stuhl.

.... suchen wir das Portmonee? .... (...... Fall / ....)

d) Jens **legt** seine Jacke **unter den** Kopf.

.... legt Jens seine Jacke? .... (...... Fall / ....)

3. *Stelle fest, welchen Fall (Kasus) die Präpositionen jeweils im Text auf Seite 44 fordern, und notiere ihn dort in den Klammern.*

Präpositionen *können auch genutzt werden, um eine* **Art und Weise (ohne, mit, gegen …)** *oder einen* **Grund** *anzugeben* **(wegen, durch, aus …).**

4. *Setze die passenden Präpositionen ein: durch – gegen – ohne – wegen*

.... mit der Wimper zu zucken steckte er den Rüffel ein.
.... Osten erschien ein Silberschein am Horizont.
.... einer Erkältung musste Max drei Tage fehlen.
.... die warme Witterung grünt und blüht alles.

Präposition (Verhältniswort)

Präpositionen *geben* **räumliche** *(an, auf, aus),* **zeitliche** *(an, in, seit, um) oder logische Verhältnisse* **der Art und Weise** *(ohne, mit, gegen) sowie* **des Grundes** *(wegen, durch, aus) an.*
Sie fordern von Nomen/Substantiven, auf die sie sich beziehen, einen bestimmten **Fall** (Kasus).

5. *Lies die Schilderung auf Seite 44 noch einmal aufmerksam durch. An einigen Stellen klingen die Präpositionen mit den Artikeln sehr hölzern. Welche kannst du zu einem Wort verschmelzen lassen?*

....

6. *Ziehe die Präpositionen und Artikel zu einem Wort zusammen und bilde je einen Satz.*

an dem Berg – Die Bahnlinie führt am Berg vorbei.

über das Haus – ....

....

in dem Garten – ....

....

unter dem Fenster – ....

....

vor dem Aufstehen – ....

....

bei dem Klettern – ....

....

für das Fernsehen – ....

....

7. *Setze die passenden Präpositionen in die Satzlücken ein.*

a) Der Gasballon schwebte .... den Köpfen der Menschen.

b) Mist, mein Eis ist .... der Brücke .... Wasser gefallen.

c) .... dem Dachboden lauern Gespenster .... alten Regalen.

d) Während du kochst, stelle ich das Geschirr .... den Tisch.

e) Britta hat .... Bett die besten Ideen .... dem Schlafen.

Adverb (Umstandswort)

a Gerne erinnere ich mich an unser Zeltlager.

b Immer kreisen meine Gedanken um ein bestimmtes Erlebnis.

c Dort im Wald hat sich die erstaunliche Geschichte zugetragen.

d Deshalb sollte sie aufgeschrieben werden.

e Allerdings sollte ich nicht übertreiben!

1. *Welche Wörter in den Sätzen a – e nennen dir die genaueren Umstände, unter denen etwas ist oder geschieht?*

2. *Ordne die Sätze so um, dass die Wörter, die die Umstände bestimmen, an einer anderen Stelle im Satz stehen. Rahme diese dann ein.*

a Ich erinnere mich [gerne] an unser Zeltlager.

b ....

c ....

d ....

e ....

Mit **Adverbien** *kannst du die näheren* **Umstände** *eines Geschehens, einer Handlung oder eines Ereignisses angeben. Das Umstandswort verändert seine Form dabei nie. (Dies unterscheidet es vom Adjektiv!)*

Adverb (Umstandswort)

3. *Denke dir selbst ein kleines Erlebnis aus. Es kann sich natürlich auch tatsächlich ereignet haben. Dazu sollst du folgende Umstandsbestimmungen verwenden:*

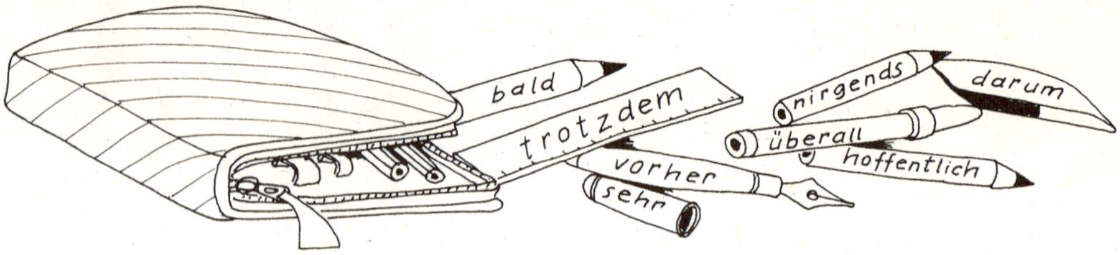

....

....

....

....

....

....

....

4. *Trage die passenden Fragewörter, auf die die unterstrichenen Adverbien antworten, in die Klammer ein.*

Ich will <u>überall</u> Ketschup auf meine Pommes frites haben. (Wo ?)

Er will <u>immer</u> gewinnen. (?)

Die Autokolonne bewegt sich <u>langsam</u> vorwärts. (?)

Weil Inka <u>meistens</u> guter Laune ist, hat sie viele Freunde. (?)

Mich ärgern deine Lügen <u>sehr</u>. (?)

Wörter, die ausdrücken, **warum**, **wo**, **wann** *und* **wie** *etwas geschieht, heißen* **Adverbien** *(Singular:* **Adverb**). *Adverbien (Umstandswörter) verändern sich in der Form nicht. Man kann sie erfragen:*

Adverbien

	Deswegen	*bin ich*	**gern**	**oft**	**hier.**
Frageprobe:	**Warum**	*bin ich*	**wie**	**wann**	**wo?**

Die Fragen verdeutlichen die **Umstände**, *unter denen etwas geschieht, wie etwas ist.*

Adverb (Umstandswort)

5. *Ordne die Adverbien den passenden Fragen in der Tabelle zu.*

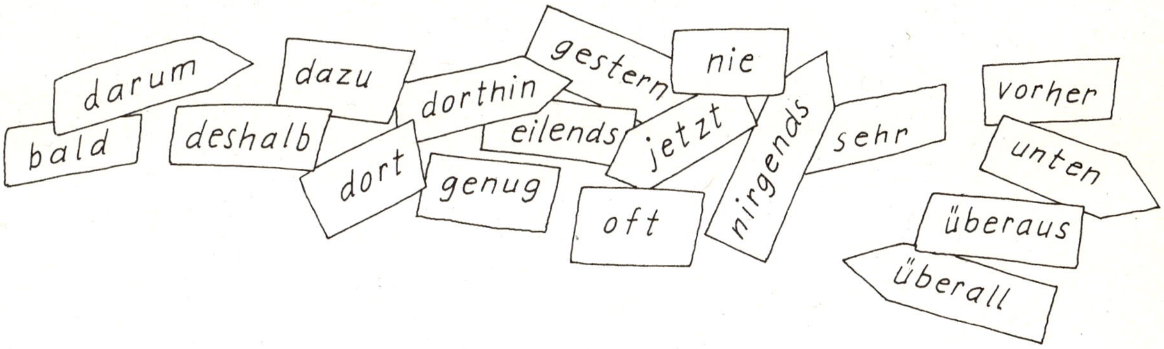

Frageprobe für Adverbien:

Wann? A	Wo? B	Warum? C	Wie? D
Wie oft?	Woher?	Weshalb?	Wie viel?
Wie lange?	Wohin?	Wieso?	
Wie bald?	Worauf?	Wozu	
....	....	....	....
....	....	....	....
....	....	....	....
....	....	....	....
....	....	....	....
....	....	....	....

6. *Trage die Buchstaben, die in der Tabelle bei den Fragegruppen stehen, passend ein.*

Welche Fragen fragen nach der Zeit?	
Welche Fragen fragen nach dem Ort?	
Welche Fragen fragen nach dem Grund?	
Welche Fragen fragen nach der Art und Weise?	

Adverb (Umstandswort)

7. *Im folgenden Text enthält jeder Satz ein Adverb (Umstandswort). Ordne die Adverbien in die Tabelle ein.*

Gestern haben wir einen Ausflug gemacht. Wir sind deshalb zeitig aufgestanden. Eilends haben wir uns auf den Weg zum Bahnhof gemacht. Meine Mutter hat dort eine Gruppenfahrkarte gekauft. Der Fahrpreis ist deswegen für uns niedriger. Bald kamen wir an unserem Zielort an. In der Morgensonne konnte man hier die Berge sehen. Um dorthin zu gelangen mussten wir eine Strecke mit dem Bus zurücklegen. Jetzt ging die Kraxelei los. Eine Mühe, die wir gern auf uns genommen haben. Oben angekommen wurden wir mit einem herrlichen Ausblick belohnt.

Adverb des Ortes	Adverb der Art und Weise	Adverb des Grundes	Adverb der Zeit
....	....	....	....
....	....	....	....
....	....	....	....

8. *Die fett gedruckten Adverbien stehen in den falschen Sätzen. Setze Adverbien und Sätze richtig zusammen und notiere auf den Leerzeilen die korrekten Sätze.*

a **Kopfüber** geht die Sonne im Osten auf. b Das Gebäude ist **jedes Mal** mit hellem Sandstein verkleidet. c Sabine konnte das T-Shirt **überall** wieder umtauschen. d Die Abgeordneten wurden zur Abstimmung **anstandslos** aufgerufen. e Die Kinder sprangen **namentlich** ins Wasser. f **Außen**, wenn es klingelt, bellt unser Hund. g Nette Menschen finden wir **morgens** auf der Welt.

a *Morgens geht die Sonne im Osten auf.*

b ....

c ....

d ....

e ....

f ....

g ....

Adverb (Umstandswort)

9. *Tausche in den Sätzen die in Klammern stehenden Ausdrücke durch passende Adverbien aus der Klammer aus. (deshalb, trotzdem, nie, bald, abends, gern)*

a Heute Nachmittag bäckt Effi einen Kuchen, (zu diesem Zweck) hat sie alle Zutaten eingekauft.

Heute Nachmittag bäckt Effi einen Kuchen, dafür hat sie alle Zutaten eingekauft.

b Sie hat die ganze Zeit gearbeitet, aber (es ist bereits Abend geworden) ist der Kuchen immer noch nicht fertig.

c Die Zeit drängt, (aus diesem Grund) stellt sie den Kuchen in den Mikrowellenherd.

d Das hat sie noch (zu keiner Zeit) gemacht.

e Effi hat die Gebrauchsanleitung nicht gelesen, (ohne das zu berücksichtigen) stellt sie den Herd auf höchste Leistung.

f (Nach einiger Zeit) beginnt es seltsam zu riechen, denn der Kuchen hat sich in eine Art Knetgummi verwandelt.

g (Mit Vergnügen) lassen wir uns davon überzeugen, in der Eisdiele mit Ersatz vorlieb zu nehmen.

Konjunktion (Bindewort)

1. *Überlege, welche Aufgabe die unterstrichenen Wörter im Satz haben. Überlege dir weitere Wörter, die diese Aufgabe erfüllen, und schreibe sie auf die Linien.*

Pausenzirkus

Timo und Jens rauften sich mal wieder heftig, denn sie können sich nicht anders einigen. Folglich erhielten sie einen Tadel; nicht allein, weil sie gegen die Pausenordnung verstoßen hatten, sondern wegen der zerbeulten Papierkörbe, der eingedrückten Fensterscheibe und der umgeworfenen Fahrräder. Ich glaube nicht, dass sie aus ihren Dummheiten lernen, obwohl sie Besserung gelobt haben, und Frau Wesserbesser hat auch ihre Zweifel.

als, indem, ...

....

Diese Wortart verbindet einzelne Wörter, Satzteile oder ganze Sätze. Sie wird daher **Bindewort** *oder* **Konjunktion** *genannt. Konjunktionen können ihre Form nicht verändern.*

2. *Mit Hilfe der Konjunktionen* **und** *oder* **oder** *kannst du aus zwei Sätzen einen machen.*

a) Peter geht am Nachmittag ins Freibad. Susanne geht am Nachmittag ins Freibad.

Peter und Susanne gehen am Nachmittag ins Freibad ....

b) Ich weiß noch nicht, ob ich dich am Samstag besuchen komme. Ich weiß noch nicht, ob ich dich am Sonntag besuchen komme.

....

....

c) Noch ist nicht entschieden, ob das Ozonloch größer wird. Noch ist nicht entschieden, ob das Ozonloch kleiner wird.

....

....

d) Sebastian will mit seinen Rollerskates stets der Schnellste sein. Ute will mit ihren Rollerskates stets die Schnellste sein.

....

....

Konjunktion (Bindewort)

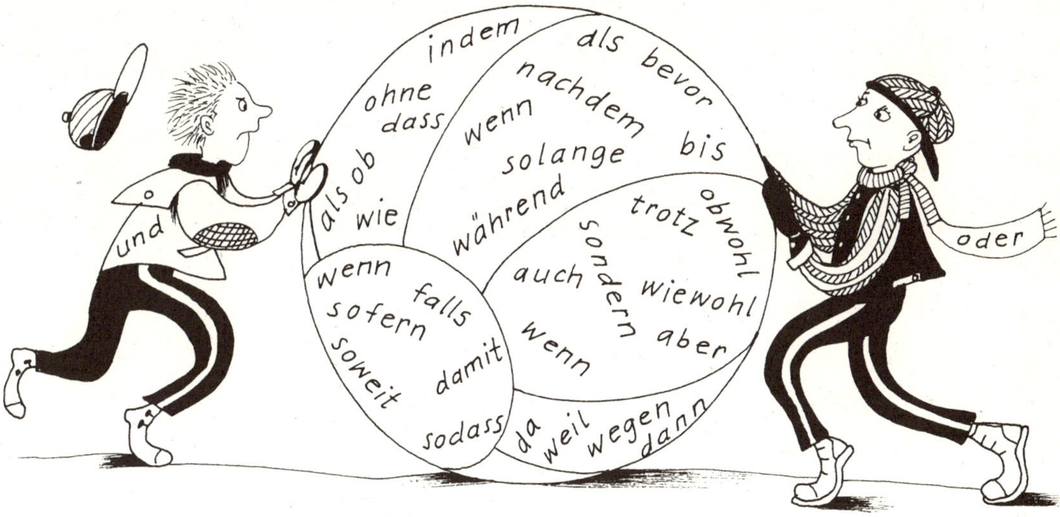

3. *Verknüpfe die Sätze durch eine Konjunktion.*

a) Bastian will ein Segelflugzeug basteln. Bastian will an einem Flugwettbewerb teilnehmen.

....

....

b) Der Busfahrer blinkte. Der Busfahrer bog in die Goethestraße ein.

....

c) Die Maus kam aus ihrem Loch heraus. Vorsichtig spähte die Maus nach allen Seiten.

....

....

d) Dieter will Physik studieren. Er will in der Raumfahrtindustrie arbeiten.

....

....

4. *Ergänze passende Konjunktionen.*

a) Ich glaube, ... du Recht hast.

b) .... es euch passt, kommt er schon morgen.

c) Wir wollten baden gehen, ... es regnete.

d) Mich ärgert es, ... sie nur noch am Computer sitzt.

Zum Testen

Bisher hast du die Wörter so kennen gelernt, wie sie benannt und gekennzeichnet werden. Dabei hast du auch gesehen, wie sie sich in ihrer Form verändern.

1. *Sieh noch einmal die bis hier dargestellten Kapitel durch. Wie viele Wortarten wurden bisher erklärt? Kreuze die richtige Zahl an.*

2 ☐ 7 ☐ 25 ☐

2. *Wie heißen diese Wortarten?*

1		2	
3		4	
5		6	
7			

3. *Welche besonderen Pronomen kennst du?*

4. *Welche besonderen Artikel kennst du?*

5. *Trage unter jedes Wort die passende Zahl aus Aufgabe 2 für die zutreffende Wortart ein.*

Sofort	startete	er	mit	größter	Kraft.
☐	☐	☐	☐	☐	☐

Reihenfolge der Satzglieder

Sätze werden aus den unterschiedlichsten Wörtern gebildet.
Die Wörter stehen in einer bestimmten Reihenfolge, die aber auch verändert werden kann.

Der | große | Hund | jagt | die | flinke | Katze | auf | einen | Baum.

Auf | einen | Baum | jagt | der | große | Hund | die | flinke | Katze.

Die | flinke | Katze | jagt | der | große | Hund | auf | einen | Baum.

1. *Betrachte die drei Sätze genau. Welche Wörter bleiben als Block immer zusammen? Male diese Blöcke jeweils in gleicher Farbe aus und schreibe sie anschließend heraus.*

....

....

....

....

Teile des Satzes, die beim Umstellen immer zusammenbleiben, nennt man ***Satzglieder****.*
Satzglieder kannst du mit der ***Umstellprobe*** *(Verschiebeprobe) ermitteln.*

2. *Stelle in dem folgenden Satz die Satzglieder um. (Die kleinen Kästchen noch nicht ausfüllen!)*

☐		☐		☐
Tim	+	kickt	+	den Ball.
☐		☐		☐
	+		+	.

Umstellprobe (Verschiebeprobe)

3. *Stelle auch hier die Satzglieder um. Die Aussage des Satzes darf sich dabei nicht ändern.*

In den Sommerferien + fahren + wir + ans Meer.

a ______ + ______ + ______ + ______.

b ______ + ______ + ______ + ______.

4. *Bilde aus den ungeordneten Wörtern je einen Satz. Stelle die Satzglieder im zweiten Satz um. Rahme anschließend die einzelnen Satzglieder ein.*

Bauern des die im im Kühe Stall stehen Winter

Die Kühe des Bauern | stehen | im Winter | im Stall.

Im Stall | stehen | im Winter | die Kühe des Bauern.

das im lautlose Nebel Schiff undurchdringlichen verschwand

Im ……

……

das die Eis gefallen in ist mir Pfütze

Das ……

……

Cola hastigen in Klaus seine trank Zügen

Klaus ……

……

aus der der die heiseren Rufe Straßenlärm Toreinfahrt übertönte

Der ……

……

……

……

Umstellprobe (Verschiebeprobe)

5. *Wie viele Sätze (mit derselben Aussage) kannst du aus dem folgenden Satz bilden? Umkreise die Satzglieder.*

Morgen spielt die Klasse 5b Fußball gegen die Elternmannschaft.

Subjekt (Satzgegenstand)

Wer oder was tut etwas?

1. *Mit der Frage „Wer oder was?" erfragt man den Satzgegenstand (das Subjekt). Erfrage das Subjekt in den folgenden Sätzen.*

Satz: Eine Schwalbe macht noch keinen Sommer.
Frage: ______ macht noch keinen Sommer?
Antwort: ______ macht noch keinen Sommer.

Satz: Am Montag findet das Seifenkistenrennen statt.
Frage: ______ findet am Montag statt?
Antwort: Am Montag findet ______ statt.

2. *Wähle das jeweils passende Subjekt aus und trage es in die Lücke ein.*

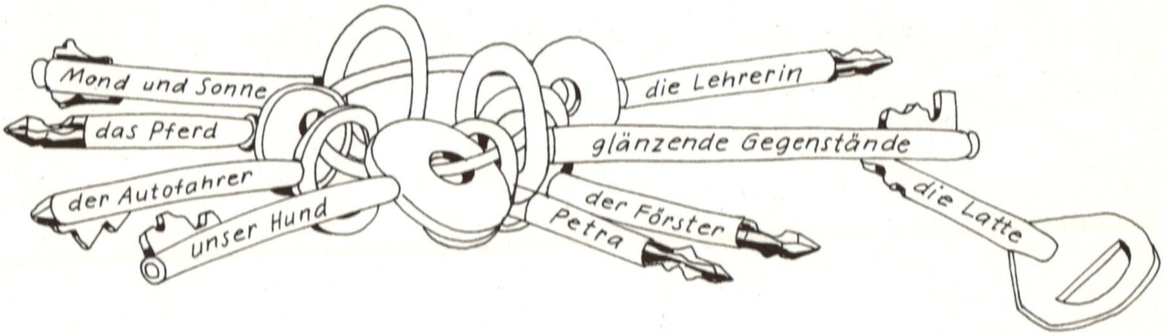

.... verpasste die Autobahnauffahrt.

Auf dem Hochsitz saß .... und beobachtete das Wild.

Heute gab .... wenig Hausaufgaben auf.

.... hatte vergessen ihren Badeanzug einzupacken.

.... lag für den Stabhochspringer viel zu hoch.

Ohne Scheu sprang .... über die Hürden.

.... sind selten zur selben Zeit zu sehen.

Die Teppichfransen frisst .... am liebsten.

Vor den diebischen Elstern sind .... nicht sicher.

Den Satzgegenstand, das **Subjekt**, *erkennt man durch die Frage:* **Wer** *oder* **was** *(handelt)? Es steht immer im* **Nominativ**.

Subjekt (Satzgegenstand)

3. *Unterstreiche in der Geschichte die Subjekte.*

Auf der Kirmes

Im Herbst kommt die Kirmes in unsere Stadt. Alle Kinder und die meisten Erwachsenen freuen sich darauf. Jedes Jahr sind neue Attraktionen da. Hoffentlich wird das Geld reichen. Oma und Opa werden wohl auch nicht knauserig sein. Und für das Rasenmähen gibt es ja mit ein bisschen Glück auch noch Geld. Aus der Ferne kannst du schon die Musik hören. Der Geruch von gebrannten Mandeln und Bratwurst liegt über dem Platz. In dem Gedränge kommt man kaum vorwärts. Die meisten Kirmesbesucher stehen aber vor der Überschlagschaukel. Wenn doch der Eintritt nicht so teuer wäre! Da fahre ich lieber dreimal mit dem alten Kettenkarussell.

4. *Formuliere aus den Wörtern je einen Satz. Du musst einige Wörter dabei verändern. Die fett gedruckten Wörter sollen im Satz das Subjekt bilden.*

der Hase / fliehen / vor / der Lärm / der Mähdrescher

....

lachen / bei / der Clown / die Witze / **die Zuschauer**

....

in / der Baum / **der Affe** / der Spitze / sitzen

....

kleine / Busbahnhof / **Isabelle** / ihre / am / erwarten / Schwester

....

....

5. *Kennzeichne im Satzbeispiel der Aufgabe 2 auf S. 55 das Subjekt, indem du jeweils ein* **S** *in das richtige Kästchen einzeichnest.*

Prädikat (Satzaussage)

Was geschieht? Was tut er, sie, es? Was wird ausgesagt?

1. *Hier fehlt das Prädikat, die Satzaussage. Setze die fehlenden Prädikate in die Satzlücken ein. Achtung, einige Prädikate bestehen aus zwei Teilen!*

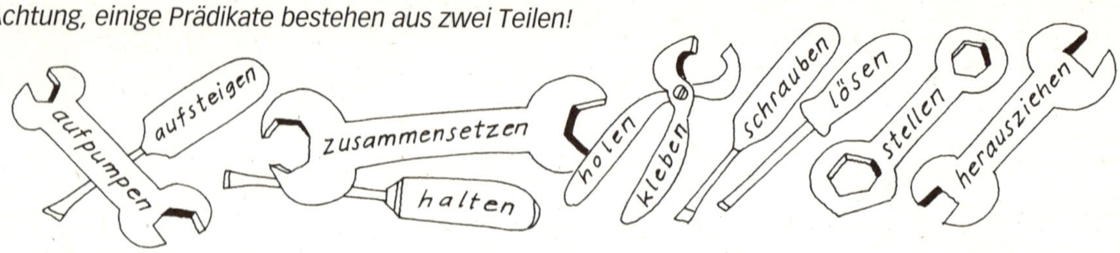

Reifenwechsel

Zuerst .... ich mein Fahrrad aus dem Keller. Dann .... ich es umgekehrt auf den Lenker und den Sattel. Zuerst .... ich das Vorderrad aus der Gabel. Als Nächstes .... ich den Schlauch unter der Reifendecke .... Jetzt .... ich den Schlauch .... Sodann .... ich den Schlauch unter Wasser. Aus dem Loch in dem Schlauch .... Luftblasen .... Darauf .... ich ein Gummiläppchen. Danach .... ich das Rad wieder .... Zuletzt .... ich das Rad wieder in die Gabel.

Das Prädikat *(die Satzaussage) spielt die* **Hauptrolle im Satz.** *Es bestimmt auch, wie viele Satzglieder in einem Satz stehen müssen. Zum Prädikat gehört immer eine* **finite** *(gebeugte)* **Verbform.** *Es kann auch noch andere Bestandteile haben, z. B.: Ich* **habe** *den Weg* **zurückgelegt.**

2. *Unterstreiche im folgenden Text die Satzaussage, das* **Prädikat.**

Klassenchampion

Die Sportstunden liebt Rainer über alles. Hier kann er sich richtig austoben. Am besten gefällt ihm das Volleyballspiel. Hier kann er zeigen, was er kann. Hauptsache, das Zusammenspiel klappt. Am meisten freut es ihn, wenn die Bälle passend das Netz erreichen. Dann kann er, wenn er vorn am Netz steht, den Ball in das gegnerische Feld schmettern. Allerdings verletzt man sich bei dem Spiel leicht. Aber ein paar blaue Flecke schaden doch nicht, oder?

Prädikat (Satzaussage)

3. *Bilde mit jedem Verb je einen Satz und unterstreiche das Prädikat.*

schlafen	stinken	lachen	biegen	geben	beißen	frieren	schenken

....

....

....

....

....

....

....

....

....

....

....

....

4. *Ordne die in Aufgabe 3 entstandenen Prädikate in die Tabelle danach ein, ob sie allein stehen können oder außer dem Subjekt noch weitere Ergänzungen benötigen.*

Prädikat

ohne Ergänzung	mit einer Ergänzung	mit zwei Ergänzungen
stinken,	biegen,	geben,

Prädikat (Satzaussage)

5. *Bilde aus den ungeordneten Satzgliedern sinnvolle Sätze. Schreibe hinter jeden Satz, wie viele Satzglieder außer dem Prädikat vorkommen.*

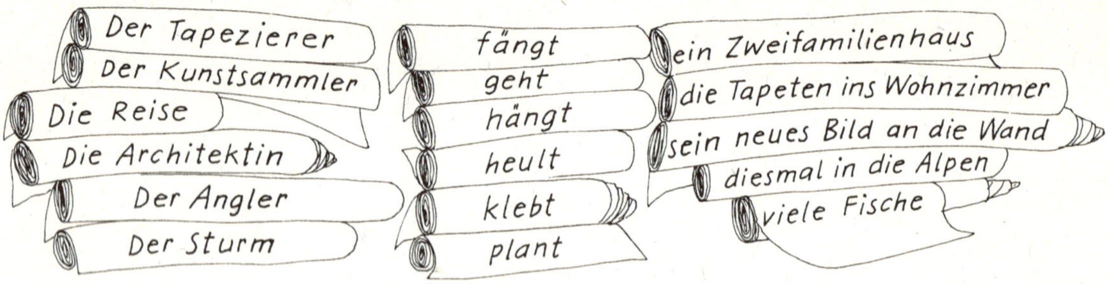

Subjekt *(S) und* **Prädikat** *(P) stehen im Satz meist eng zusammen. Sie bilden eine Einheit.*

Beispiel:	**Hatice**	**stellt**	**ihre Schultasche**	**in den Flur.**
	S	**P**		

6. *Versuche die Satzglieder aus dem Beispielsatz in eine andere Reihenfolge zu stellen. Bilde dabei auch einen Fragesatz. Was geschieht mit Subjekt und Prädikat?*

Das **Prädikat** *kann aber auch mehrteilig sein. Es umschließt andere Satzglieder wie eine* **Klammer.**

Petra	**tritt**	*als Schauspielerin*	**auf.**
Klaus	**hat**	*den verlorenen Füller*	**gefunden.**
Die Amsel	**ist**	*in ihr Nest*	**geflogen.**
		Prädikatsklammer	

Prädikat (Satzaussage)

7. *Bilde mit dem passenden Prädikat je einen Satz im Perfekt und einen im Futur I:*

zurückfliegen, legen, gewinnen

Die Amsel	ist	in ihr Nest zu ihren Jungen	zurückgeflogen.
	wird		zurückfliegen.
Klaus		den Füller unter die Zeitung	
Petra		beim Wettschwimmen	

8. *Unterstreiche in der Geschichte die einteiligen Prädikate. Kreise die zweiteiligen Prädikate ein und verbinde sie mit einer Klammer.*

Meine Katze

Heute habe ich meine kleine Katze bekommen. Ich werde sie Minka nennen. Ihr rötliches Fell leuchtet in der Sonne. Sie bewegt sich noch ganz tollpatschig. Mit ihren Krallen hat sie mir schon die Hände ziemlich zerkratzt. Auch hat sie schon einige Vasen umgekippt. Deswegen gebe ich ihr zum Spielen eine kleine Stoffmaus. Mit der wird sie genauso gerne herumwirbeln. Sie frisst immer nur ein bisschen. Meine Mutter hat am Nachmittag versprochen: „Ich werde deinem Liebling einen richtigen Schlafkorb aufstellen." Den wird sie mit einer kuscheligen Decke auslegen. Bald darf die kleine Katze nach draußen in den Garten. Aber erst wird sie geimpft. Bald wird sie auch lernen, wie man Mäuse fängt. Das ist noch bei jeder Katze so gewesen.

9. *Kennzeichne im Satzbeispiel der Aufgabe 2 auf S. 55 das Prädikat, indem du jeweils ein* **P** *in das richtige Kästchen einzeichnest.*

Zu einem Prädikat gehört immer auch ein Subjekt. *Subjekt und Prädikat stimmen in Person und Numerus überein.*

Beispiel: **Das Kind spielt** *mit dem Ball.* — **3. Person Sing.**
Du spielst *mit dem Ball.* — **2. Person Sing.**

Objekt (Ergänzung im 2., 3. oder 4. Fall)

Ergänzung des Prädikats: Wessen? Wem? Wen oder was?

1. *Lies die drei Sätze ohne die durcheinander geratenen Buchstaben, die dem Prädikat folgen.*

a	Ein Misthaufen	stinkt	dniW ned negeg.
b	Der Hufschmied	biegt	nesiE sad.
c	Der Stammgast	bittet	renlleK ned etraknesiepS eid mu.

2. *Welchen Satz kannst du davon so, wie er ist, verstehen? Kreuze an:*

a ☐ b ☐ c ☐

Du siehst, dass die Prädikate **stinken**, **biegen**, **bitten** *unterschiedlich viele* **Ergänzungen** *notwendig machen.*

3. *Unterstreiche in den Folgesätzen die Satzglieder, die weder Subjekt noch Prädikat sind.*

Die Kinder lachten.
Der Fußballspieler kickt den Ball.
Meine Großeltern geben mir Taschengeld.
Die Kinderkrankenschwestern geben den Säuglingen die Flasche.
Die Angehörigen gedachten der Lawinenopfer.
Die ersten Sonnenstrahlen erwärmen die Steinterrassen.
Man bezichtigte ihn der Lüge.

4. *Frage nach der fett gedruckten Satzergänzung: Wen oder was? Wessen? Wem?*

A
Satz: Gabriele kauft **Milch**.
Frage: ______ kauft Gabriele?
Antwort: Gabriele kauft ______.

B
Satz: Er wird **des Mordes** beschuldigt.
Frage: ______ wird er beschuldigt?
Antwort: Er wird ______ beschuldigt.

C
Satz: Ich zeige **der Frau** den Weg.
Frage: ______ zeige ich den Weg?
Antwort: Ich zeige ______ den Weg.

Objekt (Ergänzung im 2., 3. oder 4. Fall)

Verben können durch **Objekte im Akkusativ, Dativ oder Genitiv** *ergänzt werden.*
Das Akkusativobjekt ist die häufigste Ergänzung. Genitivobjekte sind selten.

Frage:	Fall:	Name:	Beispielsatz:
Wessen?	*2.*	*Genitivobjekt*	Bei dieser Musik gedenke ich **meines Bruders.**
Wem?	*3.*	*Dativobjekt*	Ich gebe **meinem Bruder** die neue CD zurück.
Wen? Was?	*4.*	*Akkusativobjekt*	Mein Bruder will **die neue CD** zurückhaben.

5. *Trage in den nachfolgenden Text Bezeichnungen aus dem Spiel in der passenden Reihenfolge in die Leerstellen der Sätze ein. Welche Fragewörter kannst du stattdessen einsetzen?*

Mensch ärgere dich nicht!

Sabine würfelt ......eine Sechs...... (...Wen oder was?...). Sie hat wieder einmal .... (.............................). Sie schlägt .... (.............................). Achim nimmt .... (.............................). Er will .... (.............................). Er gönnt .... (.............................) nicht .... (.............................). Achim kann gegen .... (.............................) nichts machen. Sabine dagegen kann .... (.............................) kaum verheimlichen.

6. *Vervollständige die Sätze. Wie fragst du nach der Satzergänzung (Objekt)? Schreibe die Frage nach dem Objekt in die leeren Klammern.*

Der Omnibusfahrer übersah ....(......Wen oder was?......)
Die neue Nachbarin sah ....(......Wen oder was?......)
Die Regattasegler erwarten ....(.............................)
Die Pferde überspringen ....(.............................)
Hasan belegte ....(.............................)

Objekt (Ergänzung im 2., 3. oder 4. Fall)

7. *Ermittle den Fall (Kasus) der unterstrichenen Objekte und schreibe sie in die entsprechende Spalte der Tabelle.*

Ein fleißiger Arbeiter

Überall im Garten und auf Wiesen hinterlässt er seine Spuren. Kleine Erdhügel verraten seine Anwesenheit. Aber zu Gesicht bekommt man den Maulwurf selten. Dem Leben in der Erde ist sein Körper außerordentlich gut angepasst.
An den Vordergliedmaßen hat er lange Krallen. Damit lockert er die Erde auf und gräbt seine verzweigten Gänge. Manchmal häufen sich die aufgelockerten Erdmassen an. Dann bedient sich der Maulwurf seiner Grabhände und stößt die Erde nach oben. Zuvor hat er einen Gang zur Erdoberfläche angelegt. Der Maulwurf besitzt einen guten Gehör- und Geruchssinn, auch einen empfindlichen Tastsinn.
Deshalb entgehen ihm im dunklen Erdreich auch nicht die Raupen, Käfer, Schnecken und Regenwürmer. Weil das Graben einen hohen Kraftaufwand erfordert, bedarf er täglich einer großen Menge Nahrung. Was seinen Hunger stillt, nützt den Gärtnern.
Der Maulwurf hält ihnen viele Schädlinge vom Leibe.

Objekte

im Akkusativ	im Dativ	im Genitiv
seine Spuren		

Objekt (Ergänzung im 2., 3. oder 4. Fall)

8. *Vervollständige die Sätze mit sinnvollen Objekten in der vorgegebenen Form.*

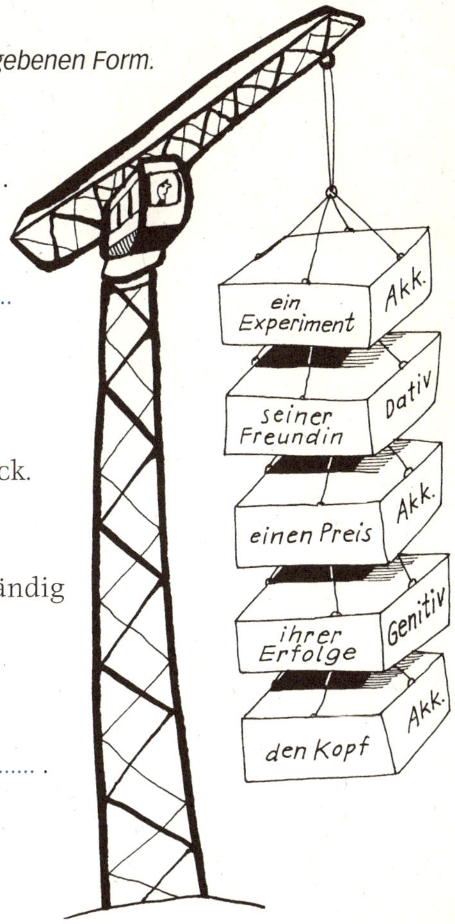

a) Die Schüler beobachten ....

b) Die Klasse 6 a hat wieder .... gewonnen.

c) Christof gibt .... den Comic zurück.

d) Der Uhu kann .... vollständig nach rückwärts drehen.

e) Karin rühmt sich ....

9. *Kennzeichne im Satzbeispiel auf S. 55 Aufgabe 2 das Objekt, indem du jeweils ein* **O** *in das richtige Kästchen einzeichnest.*

10. *Bestimme die Satzglieder in folgendem Aussagesatz.*

Er gibt ihr das Buch.

....

11. *Form den Satz aus Aufgabe 10 zu einem Fragesatz (ohne Fragewort) um.*

....

12. *Wo steht im Aussagesatz und wo steht im Fragesatz die finite (gebeugte) Verbform?*

....

Adverbialbestimmung (Umstandsangabe)

Wo, wie, warum, wann etwas geschieht

1. *Bilde mit den vorgegebenen Subjekten und Prädikaten vollständige Sätze. Diese sollen durch Satzglieder von den Zetteln ergänzt werden. (Diese können mehrfach verwendet werden.)*

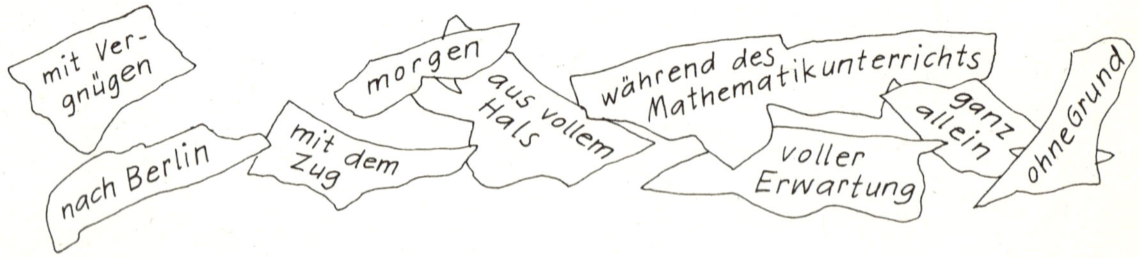

Katja fährt ……………………………………………

Katja fährt ……………………………………………

…………………………… fährt Katja ……………………………

…………………………… fährt Katja ……………………………

Hossein lachte ……………………………………………

Hossein lachte ……………………………………………

…………………………… lachte Hossein ……………………………

…………………………… lachte Hossein ……………………………

2. *Was geben die von dir eingesetzten Satzglieder an?*

Sie geben die Umstände eines Geschehens an.
Sie benennen, wann, wo, warum und wie etwas geschieht.
Sie geben den Grund für etwas, den Ort, die Zeit oder die Art und Weise an.

Die Satzglieder, die auf Fragen wie z. B. Wann? Wie lange? Wo? Wohin? Wie? Warum? antworten, geben die näheren Umstände eines Geschehens an. Man bezeichnet sie deshalb auch als **Adverbialbestimmungen** *(Umstandsangaben).*
Beispiel: Du kommst **am Freitag. Wann** *kommst du?*

Adverbialbestimmung (Umstandsangabe)

3. *Welche Fragewörter musst du für die markierten Satzglieder einsetzen?*

Kurz vor Spielende verletzte sich der Torwart. ____________?

Das Karussell drehte sich **mit großer Geschwindigkeit**. ____________?

Die Klasse hatte **auf dem Schulhof** Verkehrsunterricht. ____________?

Wegen seiner Grippe musste Paul im Bett bleiben. ____________?

4. *Unterstreiche auf der Postkarte die Satzglieder Subjekt und Prädikat.*

> ...
> *Morgen fahren wir*
> *wegen der Schneefälle*
> *mit dem Zug*
> *nach Berlin.*
> ...
>
> TIEZ
> ESIEW dnu TRA
> DNURG
> TRO

5. *Kreise nun die Satzglieder, die noch übrig sind, mit unterschiedlichen Farben ein.*

6. *Ersetze dabei die Satzglieder durch passende Fragen.*

____________? fahren wir wegen der Schneefälle mit dem Zug nach Berlin.

Morgen fahren wir ____________? mit dem Zug nach Berlin.

Morgen fahren wir wegen der Schneefälle ____________? nach Berlin.

Morgen fahren wir wegen der Schneefälle mit dem Zug ____________?

Wenn du dir die Fragewörter genauer ansiehst, dann kannst du feststellen, dass sie vier unterschiedliche **Umstände** *näher erfragen,* **unter denen etwas geschieht**.

7. *Trage die richtigen Angaben in die Felder ein, sodass du den Regelkasten vervollständigst. Die Postkarte hilft dir dabei.*

Die **Umstandsangaben** *geben an:*

die	____________	, **wann**	*etwas geschieht.*
den	____________	, **wo**	
den	____________	, **warum, weshalb**	
die	____________	, **wie, womit**	

Adverbialbestimmung (Umstandsangabe)

8. *Setze bei dem Brandbericht nach den Umstandsangaben die passenden Fragepronomen in die Leerklammern ein.*

Die Schule brennt

Heute Morgen (..Wann?..........) konnten wir ausschlafen. Wir brauchten **aus einem bestimmten Anlass** (..........................?) nicht aufzustehen. **Wegen Schweißarbeiten der Handwerker** (..........................?) hatte es **auf dem riesigen Dachboden der Schule** (................................?) gebrannt. Die Feuerwehr war **sofort** (..........................?) **mit ihren Löschwagen** (..........................?) **zur Brandstelle** (..........................?) gerast. **Aus der ganzen Umgebung** (..........................?) waren die Löschwagen zusammengezogen worden. Die Feuerwehrmänner mussten **einige Stunden** (......................?) löschen. **Immer wieder** (..................?) schlugen Flammen **aus dem krachenden Dach** (.................?). Wegen der leuchtenden Flammen schimmerte die ganze Gegend **rötlich** (................?). Wir Kinder fanden dieses Ereignis sehr spannend. Es wird noch **einige Zeit** (.....................?) dauern, bis der Unterricht wieder aufgenommen werden kann.

9. *Ordne die Adverbialbestimmungen aus dem Bericht in die Tabelle ein.*

Adverbialbestimmungen			
der Zeit	des Ortes	der Art und Weise	des Grundes
....	....	....	....
....	....	....	....
....	....	....	....
....	....	....	....
....	....	....	....

Adverbialbestimmung (Umstandsangabe)

10. *Nutze die vorgegebenen Fragen zu den Kurzsätzen, um dir kleine „Geschichten" auszudenken. Schreibe diese in dein Heft.*

Beispiel:

Ich fuhr.	*Fragen:*	**Wann? Womit? Wohin?**
	Möglichkeiten:	**Gestern fuhr ich mit der Eisenbahn nach Köln.**
	oder:	**Ich fuhr letzte Woche mit dem Fahrrad in die Niederlande.**

Die Eidechse schlüpfte. *Wie? Wohin?*

....

Das Kleid wurde von der Schneiderin genäht. *Wo? Womit?*

....

....

Petra aß. *Wo? Womit? Wie?*

....

Heiko ist gewesen. *Wie oft? Wo?*

....

Der Hund sprang. *Worauf? Wie?*

....

Die Schuhe standen. *Wie lange? Warum? Wo?*

....

11. *Bilde aus dem folgenden Satz vier weitere Sätze, indem du jeweils eine der genannten Adverbialbestimmungen ergänzt:*

aus dem Stall, am frühen Morgen, ganz leise, aus Habgier.

Der Mann stiehlt das Kaninchen.

Zeit	....
Ort	....
Grund	....
Art und Weise	....

Attribut (Beifügung)

Was für ein ...?

1. *Vervollständige die Sätze mit den angegebenen Ergänzungen aus dem Kasten.*

kleine	heim-tückischer	viele gefährliche	verdorbenen	gestohlene
jeder	betrogene	größtes	düsteren	° ° °

Die .... Micky Mouse hat schon ....
Abenteuer bestanden. Kater Karlo ist ihr .... Gegner, dessen
.... Vergnügen .... Sachen sind.
Mit seinem .... Charakter ist er zu .... Schandtat
bereit. Von ihm .... Menschen möchten, dass er von Micky gefasst
wird. Aber immer wieder kann er aus den .... Gefängnissen fliehen.

Einem Nomen/Substantiv können z. B. Adjektive, Pronomen oder Partizipien als **nähere Erklärung** *beigefügt sein. Diese* **Beifügungen** *nennt man* **Attribute**. *Attribute gehören immer zu einem Satzglied. Sie sind also keine selbstständigen Satzglieder und lassen sich deshalb auch nicht allein verschieben.*

2. *Schreibe die Geschichte ab und füge dabei die eingeklammerten Wörter als Beifügungen (Attribute) bei den passenden Nomen ein.*

Ärger mit Onkel Donald

Morgen wollen Tick, Trick und Track
mit Onkel Donald in die Ferien fahren.
(gutwillig, aber tollpatschig / wohlverdient)
Sie wollen Campingurlaub machen.
(ihren lange geplanten)
Das Zelt und die Koffer sind im Auto
verstaut. (neu / gepackt)
Wenn nur Onkel Donald käme, könnte es
sofort mit dem Cabriolet losgehen. (schnittig / rot)
Die Neffen warten und warten. (ungeduldig)
Erst am Nachmittag kommt Onkel Donald
nach Hause. (spät)

Attribut (Beifügung)

Er hat den Abreisetag vergessen. (festsetzen) Stattdessen hat er Daisy für morgen ins Kino eingeladen. (Entenhausener) Jetzt traut sich Donald nicht, Daisy wieder auszuladen. Dazu fehlt ihm der Mut, denn mit der Daisy ist nicht zu spaßen. (notwendig / selbstbewusst) Hoffentlich können die zwei Tage nachgeholt werden! (verloren) Die Freude der Neffen könnte sonst stark getrübt werden. Und das hieße für den Donald wiederum nicht Gutes. (in die Enge geraten)

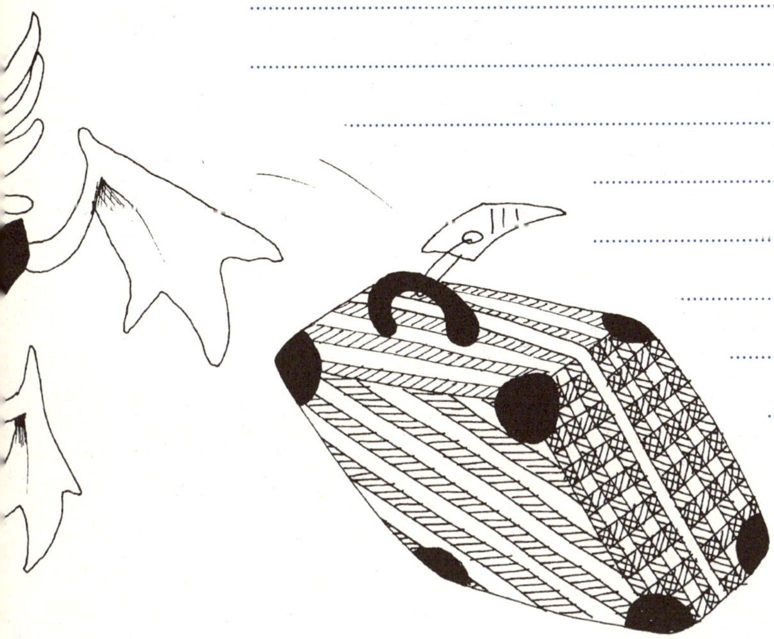

Zum Üben

1. *Ermittle mit Hilfe der Umstellprobe die Satzglieder im folgenden Augenzeugenbericht. Unterstreiche sie verschiedenfarbig. Bestimme Subjekt, Prädikat, Objekt und Adverbialbestimmung durch Fragen. Verbinde die Teile mehrgliedriger Prädikate durch eine Klammer.*

a) In Münster wurde eine Bombe aus dem Zweiten Weltkrieg gefunden.

Eine Bombe aus dem Zweiten Weltkrieg | *wurde* | *in Münster* | *gefunden.*

Eine Bombe aus dem Zweiten Weltkrieg	wurde	in Münster	gefunden.
Wer oder was?	Was wird ausgesagt?	Wo?	
Subjekt	Prädikat	Adverbial-bestimmung	Prädikat

b) Ein Baggerfahrer hatte sie am Morgen ausgegraben.

....

....

....

c) Er lief zum nächsten Telefon und rief die Feuerwehr.

....

....

....

d) Sofort kamen Spezialisten in ihrem Einsatzwagen.

....

....

....

e) Wegen der Explosionsgefahr mussten die Anwohner ihre Häuser verlassen.

....

....

....

f) Die Katastrophe konnte verhindert werden.

....

....

....

g) Die Feuerwerker entschärften die Bombe mit aller Sorgfalt.

....

....

....

Satzarten und Satzschlusszeichen

Aussage, Aufforderung, Frage und Ausruf

Weitspucken

Friederike sitzt auf der Mauer und isst Kirschen.
Die Kerne spuckt sie in weitem Bogen in Nachbars Garten. Immer öfter trifft sie den Gartenzwerg, der zwischen den Blumenbeeten seine Schubkarre schiebt. Bald traut sie sich, mit sich Wetten abzuschließen: „Wenn ich treffe, dann ..." Ganz ins Essen, Spucken und Wetten vertieft sieht sie den Nachbarn, Herrn Kunze, nicht kommen. Mit eiligen Schritten geht er auf Friederike auf der Mauer zu. Als sie ihn bemerkt, ist es schon zu spät. Mit einer Hand hält er sie am linken Bein fest, schaut zu ihr hinauf und ...

a) sagt: ....

b) fragt: ....

c) brüllt: ....

d) befiehlt: ....

1. *Welcher Satz, den Herr Kunze geäußert haben könnte, passt zu a, b, c oder d? Trage die Sätze oben ein.*

„Endlich hab ich dich erwischt!"
„Sammle sofort die Kerne wieder auf."
„Wie oft hast du den Zwerg denn schon getroffen?"
„Von zu vielen Kirschen bekommst du Bauchschmerzen."

Ein ganzer Satz besteht mindestens aus einem **Subjekt** *und einem* **Prädikat**. *(Friederike lacht.) Manchmal sind* **Objekte** *notwendig. (Sie isst Kirschen.)*

2. *Formuliere selbst je einen weiteren passenden Satz, in dem Herr Kunze etwas sagt, fragt, befiehlt oder ausruft.*

a) Er sagt: ....

....

b) Er fragt: ....

....

c) Er brüllt: ....

....

d) Er befiehlt: ....

....

Satzarten und Satzschlusszeichen

Man unterscheidet zwischen:
1. dem Aussagesatz, 2. dem Fragesatz, 3. dem Aufforderungssatz, 4. dem Ausrufesatz.

3. *Untersuche, ob es sich bei den folgenden Sätzen um einen Aussage-, Frage-, Aufforderungs- oder Ausrufesatz handelt. Schreibe hinter jeden Satz, der nicht immer vollständig sein muss, die richtige Bezeichnung.*

Die Katze schläft ....

Wie komme ich zur Schillerstraße ....

Ich will, dass ihr sofort ruhig seid ....

Pass auf den Ball auf ....

Da muss ich hin ....

Hast du meinen Freund gesehen ....

Sind deine Hausaufgaben fertig ....

Annette kann ihre Turnschuhe nicht finden ....

Hat mich das gefreut ....

Wo ist mein Radiergummi ....

Ich will mein Fahrrad wiederhaben ....

Hättest du doch auf mich gehört ....

Nikos Papagei sitzt auf dem Dach ....

Du sollst nicht immer in der Nase bohren ....

Kommt mir alle nach ....

Peter sucht seinen Socken ....

Wann gibt es die nächste Sonnenfinsternis ....

Mist, schon wieder Regen ....

Mein Goldhamster ist in die Suppe gefallen ....

Ist in deinem Apfel auch ein Wurm ....

4. *Am Ende der Sätze fehlen die Satzzeichen. Setze diese in die obigen Sätze ein.*

Am Ende eines **Aussagesatzes** *steht ein* **Punkt.** *(.)*
Am Ende eines **Fragesatzes** *steht ein* **Fragezeichen.** *(?)*
Am Ende eines **Aufforderungssatzes** *steht meistens ein* **Ausrufezeichen.** *(!)*
Am Ende eines **Ausrufesatzes** *steht ein* **Ausrufezeichen.** *(!)*

Satzarten und Satzschlusszeichen

5. *Schau dir den folgenden Aussagesatz und den Fragesatz genau an. Beschreibe, welche Reihenfolge die Satzglieder in diesen Sätzen haben.*

Aussagesatz:	Fragesatz:
Stephan kauft einen Volleyball.	Kauft Stephan einen Volleyball? ....
....	....
....	....
....	....

6. *Formuliere die Aussage- in Fragesätze um, die man mit Ja oder Nein beantworten kann, und formuliere die Frage- in Aussagesätze um.*

a) Die neuen Nachbarn haben einen schwarzen Hund.

....

b) Mit seinem Trecker kann der Bauer schwere Lasten ziehen.

....

c) Hat mir jemand meinen Radiergummi versteckt?

....

d) Ist Sylvia schon einmal in Griechenland gewesen?

....

7. *Verkürze die folgenden Sätze zu einem knappen Ausruf.*

a) „Pass auf, da kommt ein Auto!" ..„Achtung, Auto!"..............................

b) „Die Ampel steht auf Rot!" ....

c) „Kannst du dich nicht ein bisschen beeilen?" ....

d) „Los, Pferdchen, lauf!" ....

e) „Höre damit auf, mich festzuhalten!" ....

f) „Ich ekel mich schrecklich vor der Spinne!" ....

Satzarten und Satzschlusszeichen

Rüffel

Vater sieht unter Heikes Zimmertür noch spät Licht hervorschimmern. Er klopft energisch an, steckt seinen Kopf durch den Türspalt und fragt: „Weißt du nicht, wie spät es ist? Hab ich dich nicht gebeten nicht mehr so lange zu lesen? Oder hast du morgen etwa keine Schule?“

8. *Was meint Heikes Vater wirklich? Formuliere die Fragesätze in Ausrufesätze oder Aufforderungssätze um.*

Vater sagt: ....

....

....

9. *Unterstreiche im oben stehenden Text jeweils die Personalform des Verbs.*

Die Personalform des Verbs steht in Aussagesätzen an zweiter Satzgliedstelle.

Heike	liest	*unter der Decke.*
S	P	

Manchmal steht sie gleich zu Beginn des Satzes. „ **Kannst** *du nicht aufhören?“* „ **Schlaf** *jetzt!“*
Dies ist bei Frage- und Aufforderungssätzen häufig der Fall.

10. *Bestimme die Satzstellung in den folgenden Sätzen. Verwende P (für Prädikat), S (für Subjekt) und O (für Objekt).*

a) Der gehört mir !
☐ ☐ ☐

b) Kommst du mit ?
☐ ☐ ☐

c) Gehst du ?
☐ ☐

d) Gib den Brief her !
☐ ☐ ☐

Verbindung mehrerer Hauptsätze

Die Satzreihe

Hauptsätze *bestehen zumindest aus Subjekt und Prädikat. Sie können meist selbstständig stehen und ergeben dann allein einen Sinn. Die Personalform des Verbs steht meist an 2. Satzgliedstelle.*

1. *Verbinde die Sätze mit Hilfe von Bindewörtern (Konjunktionen) zu einem Satz. Bedenke, dass vor die meisten Konjunktionen (außer vor und/oder) ein Komma gehört.*

a) Katharina spielt gerne Eishockey. Susanne fährt lieber Rennski. (und)

....

....

b) Die Badeanstalten öffnen zwar im Sommer. Bei diesen niedrigen Temperaturen kann man noch nicht baden gehen. (aber)

....

....

c) Bald werden wir das Donnern hören. Es hat geblitzt. (denn)

....

....

d) Der Läufer gab nicht auf. Er kämpfte bis zum Schluss. (sondern)

....

....

e) Der starke Willi aß sechs Scheiben Wurstbrot. Dabei grunzte er vor Behagen. (und)

....

....

f) Die Wege waren feucht. Wir kamen trotzdem ans Ziel. (aber)

....

g) Wir kommen heute. Wir kommen morgen. (oder)

....

....

Verbindung mehrerer Hauptsätze

In **Satzreihen** *stehen* **Hauptsätze gleichwertig nebeneinander**. *Sie können durch* **nebenordnende Konjunktionen** *(Bindewörter) wie* **und, oder, aber, denn, sondern, trotzdem, deshalb** *verbunden werden. Zwischen den Hauptsätzen einer Satzreihe steht ein Komma, nur vor* **und** *oder* **oder** *steht kein Komma.*

2. *Verbinde jeweils beide Sätze zu einem Satz und füge passende Konjunktionen ein (deshalb, aber, trotzdem, oder, denn). Wo muss ein Komma stehen?*

Er hatte eine Autopanne. Er kam noch pünktlich.

....

Die Sonne brannte vom Himmel. Wir mussten die Pullover ausziehen.

....

Alle schliefen. Der Wächter stand noch oben auf dem Turm.

....

Wir mussten die Pullover ausziehen. Die Sonne brannte vom Himmel.

....

....

Kannst du mir die CD leihen? Überspielst du mir den Titel?

....

Hauptsatz und Nebensatz

Satzgefüge mit Konjunktion: Konjunktionalsätze

Im **Nebensatz** *steht die Personalform des Verbs meist am Ende des Satzes; ein Nebensatz kann nicht allein stehen. Beispiel:*

Marie ärgert sich	,	weil der Computer kaputt ist.
Hauptsatz		*Nebensatz*

1. *Füge die folgenden Nebensätze in die unten stehenden Sätze ein.*

... **obwohl** sie in der Milch tüchtig zappelte.

Dass es endlich Ferien gab, ...

... **weil** sie viel gelernt hatte.

Ehe er sich versah, ...

... **damit** ich zu euch fahren kann.

Nachdem die Sonne untergegangen war, ...

Zeige mir den Weg, ...

.... wurde es lausig kalt.

.... hatte sich der Fisch im Netz verfangen.

Die Fliege ertrank, ...

Franziska bekam ein gutes Zeugnis, ...

.... war schon eine tolle Sache.

2. *Unterstreiche nun die Personalform des Verbs im Hauptsatz blau, im Nebensatz rot.*

Ein **Satzgefüge** *entsteht dann, wenn* **Hauptsätze** *mit* **Nebensätzen** *verbunden werden.*
Nebensätze erkennst du daran, dass die **Personalform des Verbs** *im Nebensatz fast immer am* **Ende** *steht.*
Außerdem werden Nebensätze meistens durch eine **Konjunktion** *eingeleitet, die den Nebensatz dem Hauptsatz unterordnet.* **Unterordnende Konjunktionen** *sind z. B.* **weil, dass, damit, obwohl, nachdem.**
Nebensätze werden durch ein **Komma** *vom Hauptsatz getrennt.*

Hauptsatz	**Nebensatz**	
Wir tranken die Flasche aus,	*weil wir Durst hatten.*	
Wir tranken,	*weil wir Durst hatten,*	die Flasche aus.
	Weil wir Durst hatten,	tranken wir die Flasche aus.

Hauptsatz und Nebensatz

3. *Unterstreiche in den Nebensätzen die Konjunktion und setze die Kommas ein.*

Er sagte mir dass ich bei ihm bleiben solle. Bevor wir uns streiten lass uns lieber noch einmal nachdenken. Der Strom fiel aus nachdem der Blitz eingeschlagen hatte. Der Regen drang durch das Zeltdach sodass wir alle bis auf die Haut nass wurden. Tobias hat obwohl er 16 Jahre ist noch nie geraucht. Obgleich Lisa gut schwimmen kann kam sie kaum gegen die Brandung an.

4. *Liste die Konjunktionen aus den obigen Sätzen auf.*

dass, ...

5. *Die Wortstellung in den folgenden Nebensätzen stimmt nicht. Formuliere die Sätze um:*

Paul kannte den Mann, weil er schon einmal begegnet war ihm.

....

Solange stürmt der Wind, fahre ich nicht mit dem Fahrrad.

....

Obwohl Lust hatte sie keine, kam sie mit uns.

....

Der Maler war in den Farbeimer getreten, bevor sah er ihn.

....

6. *Kreuze die richtigen Aussagen an und finde so die Regel für Nebensätze.*

In Nebensätzen mit einer Konjunktion:

- *kann man die Wörter stellen, wie man will.* ☐
- *steht die Personalform des Verbs fast immer am Ende.* ☐
- *bleiben die Wörter genau so stehen wie in einem Hauptsatz.* ☐
- *steht in einem zweiteiligen Prädikat die Personalform des Hilfsverbs am Ende.* ☐

Hauptsatz und Nebensatz

7. *In den Sätzen sind Satzglieder hervorgehoben. Formuliere diese in Nebensätze um und erstelle so ein Satzgefüge. Beispiel:*

Während der Seeüberfahrt *tutete das Schiff mehrmals.*
Während das Schiff über den See fuhr, tutete es mehrmals.

Trotz des vielen Trainings konnten sie ihre Spielstärke nicht mehr steigern.

Obwohl ....

....

Wegen des starken Regens stiegen die Flüsse über die Ufer.

Weil ....

....

Die beteiligten Sportler standen **beim Verlesen der Urkunden**.

...., als ....

....

Früher stießen die Lokomotiven **beim Verlassen** des Bahnhofs dicke Rauchwolken aus.

....

...., wenn ....

Satzgefüge mit Pronomen: Relativsätze

Die Frau,	**die Obst verkauft,**	*hat mir die Kiwi geschenkt.*
	Relativsatz	
Die Frau,	**bei der ich Obst kaufe,**	*hat mir die Kiwi geschenkt.*

Nebensätze, die mit einem **Relativpronomen** *eingeleitet werden, nennt man* **Relativsätze**. *Sie werden vom Hauptsatz durch ein* **Komma** *getrennt.*

1. *Bilde aus den folgenden beiden Hauptsätzen ein Satzgefüge mit einem Relativsatz. Unterstreiche das Relativpronomen. Achte auf das Komma.*
Beispiel: Der Film war wirklich langweilig. Ich bin in dem Film eingeschlafen.
Ich bin in dem Film, **der** *wirklich langweilig war, eingeschlafen.*

a) Laura kam mit ihrem Bruder. Der Bruder wollte immer nur Eis essen.

....

....

Hauptsatz und Nebensatz

b) Klaus kannte den Mann. Er trug eine dunkle Brille.

....

c) Das Mädchen brüllte laut. Es hatte seine Puppe verloren.

....

d) Die Pizza schmeckte schrecklich. Wir hatten sie selbst gebacken.

....

2. *Du kannst auch aus Attributen (Beifügungen) Relativsätze bilden:*
Beispiel: Die noch ***kleinen*** *Welpen kletterten übereinander.*
Die Welpen, die noch klein waren, kletterten übereinander.

a) Alle warten auf den **witzigen** Guido.

....

b) Marie kletterte als Einzige auf den **hohen** Baum.

....

c) Der **vergessliche** Professor hat seine Brille verlegt.

....

d) Wir haben alle Angst vor dem **bissigen** Hund.

....

e) Mir schmecken die **grünen** Bonbons am besten.

....

f) Uns gefällt die **alte, quietschende** Straßenbahn.

....

g) Ich lese ein **spannendes** Buch.

....

h) Wir verlassen das **überfüllte** Schwimmbad.

....

Kommasetzung zwischen Satzgliedern

Aufzählungen

1. *Setze die Kommas in die Sätze ein.*

a) Zum Sommerfest laden Ina und Hanne ihre Freunde Mark Till Patrizia Lars und Yasmin ein.
b) Alle sollen Salate Brot Saft Kekse Grill-Utensilien oder Kuchen mitbringen.
c) Alle freuen sich auf einen lauen anregenden Sommerabend.
d) Die nächsten großen Ferien stehen vor der Tür.

Aufzählungen, *die nicht durch und/oder verbunden sind, werden durch Komma abgetrennt. (Jens, Ole, Britta und Inge)*
Gleichrangige Adjektive *(man könnte ein „und" zwischen sie setzen) werden auch als Aufzählungen verstanden und durch Komma abgetrennt. (Ein kühles, erfrischendes Getränk)*

Nachgestellte Satzteile, Einschübe

2. *Setze die Kommas in die Sätze ein und bedenke dabei unten stehende Regel.*

a) Ina die Gastgeberin hängt Lampions im Garten auf, während Alex ein guter Koch in der Schokoladencreme rührt.
b) Mark der Gitarrist und Till der Schlagzeuger blasen unterdessen Luftballons auf.
c) Patrizia und Yasmin zwei wirklich nette Mädchen decken den Gartentisch.

Nachgestellte Teile *eines Satzgliedes werden durch Komma abgetrennt. (Lilly, die Klassensprecherin, kam mit Megafon zur Schülerversammlung.) Dies gilt auch für Einschübe oder Nachsätze. (Ben, ein großer Esser, nahm gleich 4 Würstchen.)*

Wiederholung: Satzzeichen

Zeichen am Ende des Satzes

Es steht nach
einem **Aussagesatz** *ein* **Punkt (.)**
einem **Fragesatz** *ein* **Fragezeichen (?)**
einem **Aufforderungssatz** *meistens ein* **Ausrufezeichen (!)**
einem **Ausrufesatz** *immer ein* **Ausrufezeichen (!)**

1. *Ergänze im folgenden Text die fehlenden Zeichen am Ende der Sätze.*

Endlich, heute ist der letzte Schultag ☐ Muss ich meine Schulbücher noch mitnehmen ☐ Wir wollen in der Klasse über das vergangene Schuljahr sprechen ☐ Was für Themen wohl angeschnitten werden ☐ Es soll alles zur Sprache kommen, was gut und was schlecht war ☐ Überlegt euch gut, was ihr sagen wollt ☐ So hatte es jedenfalls unser Klassenlehrer uns aufgetragen ☐ Der hat gut reden ☐ Er weiß gar nicht, wie schwierig es ist, immer ehrlich zu sein, wenn man niemanden verletzen will ☐ Kann ich Jens wirklich sagen, dass ich es gemein finde, wenn er immer Jasmin ärgert ☐ Oder nimmt es mir der Lehrer krumm, wenn ich sage, dass ich seine Schrift an der Tafel nur schwer lesen kann ☐ Ich bin gespannt, worüber die anderen sprechen werden ☐ Claudia wird wahrscheinlich vom Klassenausflug sprechen ☐ Was hat sie da geweint ☐ Niemand hatte sie getröstet, als sie sich den Knöchel verstaucht hatte ☐ Und dann unsere Klassenfeier ☐ Alle hatten etwas zu essen mitgebracht und getanzt haben wir auch ☐ Hoffentlich kommt nicht nur Schlechtes zur Sprache ☐ Ob ich mich an alles erinnern kann ☐

Komma zwischen Hauptsätzen: in der Satzreihe

In einer Satzreihe werden die Hauptsätze durch ein Komma getrennt.
Einige spielten Ball , andere saßen am Tisch.

1. *Bestimme Subjekt und Prädikat der Sätze. Setze dann die fehlenden sechs Kommas ein.*

Die Bären trotteten durchs Gebüsch niemand konnte sie stoppen.
Die Kinder kamen pünktlich blieben aber alle vor dem Haus stehen.
Sie tranken die Gläser aus und sprangen ins Boot weg waren sie!
Viele Köche verderben den Brei sagt ein altes Sprichwort.
Eines Tages es war Winter kam die alte Katze zurück.

Wiederholung: Satzzeichen

Komma zwischen Haupt- und Nebensatz: im Satzgefüge

	Nebensatz	
Die Tiere kamen an den See,	**weil sie Durst hatten.**	
Die Tiere,	**die Durst hatten,**	*kamen an den See.*

In einem Satzgefüge werden die Nebensätze vom Hauptsatz durch ein Komma getrennt. Den Nebensatz erkennt man an der Konjunktion (Bindewort) oder am Pronomen, das den Nebensatz einleitet.

1. *Unterstreiche die Personalform des Verbs und umkreise jeweils den Nebensatz:*

Die Frau, die da steht, könnte eine Geheimpolizistin sein.
Obwohl Günter keinen Spinat mochte, hat er ihn immer gegessen.
Der kleine Junge, der seine Eltern suchte, tat mir sehr Leid.
Ich glaube nicht, dass Laura einen neuen Freund hat.
Wir stiegen zur Burg, die in der hellen Sonne lag, hinauf.

2. *Unterstreiche den Hauptsatz und setze die fehlenden Kommas ein. Es müssen neun Kommas sein. Manchmal steht auch gar kein Komma, in anderen Fällen stehen sogar mehrere!*

Meine beiden Brüder die vier und zwei Jahre älter sind als ich haben mir immer bei den Hausaufgaben geholfen.
Weil du mich in der Eissporthalle nicht gesehen hast heißt das noch lange nicht dass ich nicht da war.
Immer mehr Menschen in den Industriestaaten begreifen dass man die Natur nicht ungestraft ausbeuten kann.
Während der Sommermonate kommt es in den Mittelmeerländern immer wieder zu Engpässen in der Wasserversorgung.
Der Personenzug fuhr langsam in den Bahnhof ein nachdem das Signal ihm grünes Licht gegeben hatte.
Auch wenn die Autos immer zahlreicher werden die einen Katalysator besitzen so heißt das noch lange nicht dass der Smog in den Städten beseitigt ist.

Wiederholung: Satzzeichen

Komma zwischen Satzgliedern

1. *Setze im nachfolgenden Text die Kommas ein und ergänze dann den Regelkasten.*

Völlig erschöpft durstig sandverkrustet und ganz
verschwitzt erreichten sie die Oase.
Sie kamen nicht zu Fuß sondern ritten auf Kamelen.
Es waren vier: der Reiseleiter ein Engländer zwei Belgier.
Der Reiseleiter ein Beduine und der Engländer kannten sich gut aus.

Aufzählungen werden mit Komma abgetrennt, wenn sie nicht durch ______ verbunden sind.

Nachgestellte Teile eines Satzgliedes, Einschübe oder Zusätze werden durch Komma abgetrennt.

2. *Setze im folgenden Text die fehlenden Satzzeichen ein.*

Als Tamara sich das Bein gebrochen hatte wurde sie von Sven Katja Nils und Frau Bergmann der Klassenlehrerin besucht
Das war ja endlich mal eine freudige Überraschung
Ob die sich vorstellen konnten wie langweilig ein ganzer Monat im Bett ist
Sven erzählte von den letzten beeindruckenden Neuigkeiten aus der 6c Frau Bergmann ergänzte und Nils zeigte die Fotos von der Preisverleihung im Rathaus
Katja strahlte währenddessen fröhlich in die Runde denn sie hatte den Sieg für die Schulstaffel geholt
Begeistert klopfte Tamara ihrer Freundin auf die Schulter sie hatte sich wirklich selbst übertroffen

Grammatik und Zeichensetzung: *Alles klar!*

Lern- und Übungsheft **1** *für das 5./6. Schuljahr*

Lösungen

Seite 4

Aufgabe 1:

Zum Beispiel:

Mutter: „Claudia, was machst du?" Claudia: „Ja, Mutter, was soll ich denn tun?" Mutter: „Ich warte auf dich im Wohnzimmer." Claudia: „Ich komme gleich." Mutter: „Du erscheinst sofort!" Claudia: „Aber ich lese doch mein Buch." Mutter: „Du kannst dich später damit beschäftigen." Claudia: „Mist! Immer ruft sie mich!" Mutter: „Da bist du ja endlich!" Claudia: „Ja, was möchtest du?"

Seite 5

Aufgabe 2:

a) kocht; b) merkte; c) jagen; d) kann

Aufgabe 3:

Es müssen die ersten beiden Sätze angekreuzt werden.

Aufgabe 4:

Die Kinder aus dem Steintor-Viertel, das im Neubaugebiet **liegt**, **bauen** ein Baumhaus. Dazu **gebrauchen** sie alte Latten, Nägel und alles, was die Leute sonst **wegwerfen**. Die größte Schwierigkeit **besteht** darin, einen geeigneten Baum zu **finden**. Die Kinder **erklettern** alle Bäume, deren Äste ihnen stark genug **erscheinen**. Nur die wenigsten Bäume **tragen** ein Baumhaus ohne Gefahr. Auf einer alten Buche **beginnen** sie schließlich mit der Arbeit. Die Zeit **vergeht** wie im Flug. Jeder **hilft** dem andern, so gut er **kann**. Die Mädchen **machen** die Arbeit so gut wie die Jungen. Sie **bleiben** bis zum Abend bei den Jungen, die vor Müdigkeit fast **einschlafen**. Aber auch die Mädchen **merken** die Anstrengungen sehr. Alle **freuen** sich über die Arbeit, sodass ihnen die Mühe nichts **ausmacht**. In drei Tagen **enden** die Ferien, bis dahin **ist** das Baumhaus fertig.

Seite 6

Aufgabe 5:

a) ich; b) er, sie, es; c) wir, sie; d) du; e) ihr; f) sie, wir

Aufgabe 6:

Achtung: für manche Einfügung gibt es mehrere Lösungen:

ich laufe
du rufst
er/sie/es singt, sucht oder trinkt
wir/sie fallen, essen
ihr esst

Seite 7

Aufgabe 7:

a) fängt (3. Person, Singular); b) kannst (2. Person, Singular);
c) treffen (1. Person, Plural); d) tragt (2. Person, Plural)
e) segeln (3. Person, Plural); f) klettere (1. Person, Singular)

Seite 8

Aufgabe 1:

1. Satz: Gibst frei (2. Pers. Sing.); 2. Satz: bleibe (1. Pers. Sing.); 3. Satz: kommen vorbei (1. Pers. Sing.); 4. Satz: stehen (3. Pers. Pl.)

Aufgabe 2:

a) gleichzeitig; b) gleichzeitig

Aufgabe 3:

a) guckend b) kauend: Während Franziska kaute, versuchte sie sich verständlich zu machen. c) liegend: Die Katze lag auf der Mauer und döste sie in der Sonne.

Seite 9

Aufgabe 4:

Der erste und der dritte Satz müssen angekreuzt werden.

Aufgabe 5:

a) ent-wickel-te; b) über-hör-te; c) be-merk-ten;
d) ver-ständ-ig-ten

Aufgabe 6:

a) hielten, ... halten; b) bezahlte, ... bezahlt;
c) verdächtigte, ... verdächtigt; d) lag, ... liegt; e) gehörte, ... gehört ... Achtung, das Wort „einmal" musst du streichen!
Bei einigen Verben ändert sich der Verbstamm.

Aufgabe 7:

zum Beispiel:
springen, trinken, schlafen, werfen, schreiben, essen, fahren ...

Seite 10

Aufgabe 8:

Gegenwart (Präsens)	Vergangenheit (Präteritum)
halten	hielten
bezahlt	bezahlte
verdächtigt	verdächtigte
liegt	lag
gehört	gehörte
...	

Aufgabe 9:

Die Verbformen **koch-te**, **riss**, **kipp-te**, **flog**, **verteil-te**, **absprang**, **stampf-te**, **brüll-te** stehen im Präteritum.

Seite 11

Aufgabe 10:

Diese Geschichte darfst du selber schreiben!

Aufgabe 11:

Unterstrichen werden:
haben – gefreut, ist – gefallen, hat – geregnet, ist – gefahren
hat – weggespült, ist – gekommen, hat – abgesagt
Das Perfekt wird aus einer Verbform mit ge- und einem Hilfsverb (sein oder haben) gebildet.

Seite 12

Aufgabe 12:

Der Zug ist gerade abgefahren.
Ich habe seit einer Woche jeden Tag verschlafen.
So ähnlich hat meine Ausrede auch immer gelautet.

Aufgabe 13:

Infinitiv	Präsens	Präteritum	Perfekt
sich freuen	sie freuen sich	sie freuten sich	sie haben sich gefreut
sein	er ist	er war	er ist gewesen
lassen	sie lassen	sie ließen	sie haben gelassen
mitnehmen	sie nehmen mit	sie nahmen mit	sie haben mitgenommen
mitbringen	er bringt mit	er brachte mit	er hat mitgebracht
gleichen	sie gleicht	sie glich	sie hat geglichen

Seite 13

Aufgabe 14:

..., hatte sie ihn schon gefressen. ..., war er vom Sitz aufgesprungen. ..., war viel Zeit vergangen.
war aufgesprungen/war vergangen.

Aufgabe 15:

Die Zeitform des Hilfsverbs ist das **Präteritum**.

Aufgabe 16:

a) geschneit hatte, konnten b) war, gebracht hatte
c) war ... geschmolzen, begannen d) blieb

Seite 14

Aufgabe 17:

b) gehauen hatte (hauen) c) sind verschimmelt (verschimmeln)
d) hat genommen (nehmen)

Aufgabe 18:

a) getrunken b) bemalt c) geschlossen d) gelacht

Aufgabe 19:

Alle vier Sätze müssen angekreuzt werden.

Aufgabe 20:

Beides ist richtig.

Seite 15

Aufgabe 21:

a) Plusquamperfekt b) Präsens c) Futur I d) Perfekt
e) Präteritum f) Präsens g) Futur I h) Futur I

Seite 16

Aufgabe 22:

Präsens	Präteritum	Perfekt	Plusquamperfekt	Futur I
ich laufe	ich lief	ich bin gelaufen	ich war gelaufen	ich werde laufen
wir rufen	wir riefen	wir haben gerufen	wir hatten gerufen	wir werden rufen
du verlangst	du verlangtest	du hast verlangt	du hattest verlangt	du wirst verlangen
ihr lügt	ihr logt	ihr habt gelogen	ihr hattet gelogen	ihr werdet lügen
du kaufst	du kauftest	du hast gekauft	du hattest gekauft	du wirst kaufen
sie schwimmt	sie schwamm	sie ist geschwommen	sie war geschwommen	sie wird schwimmen
wir freuen uns	wir freuten uns	wir haben uns gefreut	wir hatten uns gefreut	wir werden uns freuen
es friert zu	es fror zu	es ist zugefroren	es war zugefroren	es wird zufrieren
ich sehe fern	ich sah fern	ich habe ferngesehen	ich hatte ferngesehen	ich werde fernsehen

Aufgabe 23:

Mir ... 3. Person, Singular, Perfekt
Er ... 3. Person, Singular, Plusquamperfekt
Wir ... 1. Person, Plural, Futur I
Sie ... 3. Person, Plural, Präteritum
Ihr ... 2. Person, Plural, Präsens

Seite 17

Aufgabe 24:

Zum Beispiel:
c) Peter brachte den alten Tannenbaum weg.
d) Sie werden den Müll wegbringen.
e) Heute fahren wir aus den Ferien heim.
f) Am Wochenende ist Stephanie heimgefahren.
g) Mein Hals tut weh.
h) Das Zahnziehen hatte nicht wehgetan.

Aufgabe 25:

Die Katze **jagte** in der Wohnung nach einer Motte. Dabei **sprang** sie über Tisch und Bänke. Sie **war** außer Rand und Band. Selbst die Gardinen **kletterte** sie hoch. Dann **machte** sie einen Satz auf die Fensterbank. Die Motte **flog** durch das offene Fenster nach draußen. Und die Katze **hechtete** hinterher. Zum Glück **wohnten** wir in der ersten Etage.

Seite 18

Aufgabe 1:

Blickwinkel 1: Das Interesse gilt dem Hund. Er ist der Auslöser des Geschehens. Er steht im Mittelpunkt des Interesses.
Blickwinkel 2: Das Interesse gilt der Katze. Sie erleidet die Verfolgung durch den Hund. Sie steht im Mittelpunkt des Interesses.

Aufgabe 2:

a) 1; b) 2; c) 1; d) 2; e) 1; f) 2; g) 1; h) 2

Aufgabe 3:

a) 1; b) 2; c) 1; d) 2; e) 1; f) 2

Seite 19

Aufgabe 4:

Heute ... (blau); Die Heizung ... (rot); Er ... (blau); Viel Ruß ... (blau); Immer wieder ... (blau); damit ... (rot); Wenn ... (blau); werden ... (rot); Der Umweltschutz ... (rot)

Aufgabe 5:

a) Aktiv: Meine Schwester schreibt einen Brief.
Passiv: Ein Brief wird von meiner Schwester geschrieben.

b) Aktiv: Der geschwätzige Kellner brachte uns eine kalte Suppe.
Passiv: Eine kalte Suppe wurde uns von dem geschwätzigen Kellner gebracht.

c) Aktiv: Der Hund biss den keifenden Jogger ins linke Bein.
Passiv: Der keifende Jogger wurde von dem Hund ins linke Bein gebissen.

d) Aktiv: Immer vergisst der Lehrer seinen Regenschirm.
Passiv: Immer wird der Regenschirm vom Lehrer vergessen.

f) Aktiv: Unser Hund fraß die Aufschnittplatte leer.
Passiv: Die Aufschnittplatte wurde von unserem Hund leer gefressen.

Seite 20

Aufgabe 1:

das gesuchte Wort heißt: a) Wolke

Aufgabe 2:

Von oben nach unten gelesen:
a) Wunsch b) Ostern c) Lieder d) Klemme e) Erfolg

Aufgabe 3:

a) der Tisch b) das Wiesel c) (der) Steffen d) die Molkerei e) der Rosenkohl

Seite 21

Aufgabe 4:

Stein (oder Buch), Freude, Wettkampf, Buch (oder Stein), Hund

Aufgabe 5:

Lebewesen/Dinge: das Atom, der Berg, die Feuerwehr, der Hund, (der) Klaus, der Fisch, die Uhr, die Spinne
Ereignisse ...: die Dunkelheit, der Durst, die Freundlichkeit, das Gefühl, die Hoffnung, der Hunger, die Liebe, der Schmerz

Aufgabe 6:

Diese Geschichte kannst du dir frei ausdenken.

Seite 22

Aufgabe 1:

a) die b) Der c) der d) Das e) Der f) der (Dativ!)

Aufgabe 2:

Die Sätze musst du selbst schreiben, aber hier sind die Bedeutungen der Begriffe:

a) der Kiefer: Knochen, in dem die Zähne verankert sind;
die Kiefer: Nadelbaum;

b) der See: kleines, stehendes Gewässer; die See: ein großes Meer;

c) der Mast: gerade aufsteigende Stange auf einem Schiff, die das Segel hält;
die Mast: Fütterung von Tieren zur schnellen Gewichtszunahme;

d) der Junge: ein männliches Kind; das Junge: ein junges Tier

Aufgabe 3:

Die Nomen/Substantive unterscheiden sich durch ihr grammatisches Geschlecht.

Seite 23

Aufgabe 4:

Maskulinum: **der** Hut, Dotter, Gulasch, Keks, Ofen, Plural, Saal, Tisch, Zylinder

Femininum: **die** Blume, Creme, Garage, Kiste, Kohle, Liebe, Mathematik

Neutrum: **das** Fenster, Dotter, Gedächtnis, Geld, Gulasch, Hemd, Kind, Präsens

Aufgabe 5:

Kuh + Milch = die Kuhmilch; turnen + Halle = die Turnhalle;
Kugel + Schreiber = der Kugelschreiber;
braten + Hering = der Brathering;
spielen + Platz = der Spielplatz;
Tasche + Tuch = das Taschentuch;

Seite 24

Aufgabe 1:

- das Thema, die Themen – der Kaktus, die Kakteen
- der Rhythmus, die Rhythmen – das Prinzip, die Prinzipien
- das Album, die Alben – das Material, die Materialien
- das Museum, die Museen – das Adverb, die Adverbien
- der Atlas, die Atlanten/die Atlasse – das Konto, die Konten

Aufgabe 3:

Zum Beispiel: die Ferien, die Leute, die Kosten, die Alpen, die Geschwister, die Möbel, die Shorts

Seite 25

Aufgabe 1:

a) Die Fee, der Fee, der Fee, die Fee;
b) Das Unglück, des Unglücks, dem Unglück, das Unglück;
c) Der Tag, des Tages, dem Tag, den Tag

Seite 26

Aufgabe 2:

Zum Beispiel:
Femininum: Nom.: die Mauer, Gen.: der Mauer, Dat.: der Mauer, Akk.: die Mauer, Neutrum: Nom.: das Glas, Gen.: des Glases, Dat.: dem Glas, Akk.: das Glas, Maskulinum: Nom.: der Strauch, Gen.: des Strauches, Dat.: dem Strauch, Akk.: den Strauch
Eine passende Geschichte musst du wieder allein schreiben.

Aufgabe 3:

1. Wer brachte ... (Nominativ)
2. Wessen Kind brachte ... (Genitiv)
3. Wem brachte ... (Dativ)
4. Was brachte das Kind ... (Akkusativ)

Aufgabe 4:

Ein Kind einer Frau brachte einem Straßenmusikanten ein Geldstück.
Eine Maus kroch in ein Loch und fraß einen Brocken Brot.
Eine Amsel wurde von einem Sonnenstrahl in blaues Licht getaucht.

Aufgabe 5:

nein

Seite 27

Aufgabe 6/7:

Mein Kater (Nom.) Mau (Nom.)
Heute hat mir unser Nachbar (Nom.) einen kleinen Kater (Akk.) geschenkt. Der hat ein ganz schwarzes Fell (Akk.). Nur seine Pfoten (Nom.) sind weiß. Die Farbe (Nom.) seiner Augen (Gen.) ist blau. Erst später wird er seine richtige Augenfarbe (Akk.) bekommen. Ich habe dem Kater (Dat.) den Namen (Akk.) Mau (Akk.) gegeben. Immer will er spielen. Die Geschwindigkeit (Nom.) seiner Bewegungen (Gen.) ist bewundernswert. Seine scharfen Krallen (Nom.) haben mir schon so manchen Kratzer (Akk.) beigebracht. Auch die Mutter (Nom.) des kleinen Katers (Gen.) ist manchmal sehr ungestüm. Das ist wohl bei allen Katzen (Dat.) so. Meine Mutter (Nom.) sagt, ich müsse den Schlafplatz (Akk.) des Katers (Gen.) selbst herrichten. Ich will es Mau (Dat.) schön bequem machen, denn er darf in den ersten Wochen (Dat.) nicht nach draußen.

Seite 29

Aufgabe 1:

Die Uhr hat zwölf geschlagen.
Draußen heult der Sturm um die Schlossmauern.
Die Dunkelheit wird nur durchbrochen durch den schwachen Glanz der Sterne.
Noch liegen die Kinder in den Betten und haben natürlich keine Angst.
Doch plötzlich springt das Fenster mit lautem Knall auf.
Der Wind weht durch das dunkle Zimmer.
Die Situation hat etwas Unheimliches.
Schon bald beginnen die Zähne der Kinder zu klappern.
„Am besten, wir gehen zu Burgwart Fröhlich", denken die Kinder.
Aber die verschreckten Kinder können Herrn Fröhlich nicht finden.
Er hätte den Angsthasen auch bestimmt gesagt: „Legt euch ruhig wieder ins Bett.
Von solchen Nächten haben wir viele im Jahr.
Und Gespenster gibt es nicht."
Trotz der beruhigenden Worte, die die Kinder sich vorstellen, können sie nicht einschlafen.
Denn der Schrecken ist noch nicht zu Ende.
Was ist das? Wer hat den Stuhl umgeworfen?

Seite 30

Aufgabe 2:

b) Die Mädchen werden von **ihnen** geärgert. (Dativ, Plural)
c) **Es** schmeckt mir wirklich gut. (Nominativ, Singular)
d) Vera trinkt **sie** ohne abzusetzen aus. (Akkusativ, Singular)
e) **Sie** trinkt die Milch ohne abzusetzen aus. (Nominativ, Singular)
f) Die Klasse gibt **ihm** noch eine Chance. (Dativ, Singular)
g) Der Dieb gab **sie** freiwillig zurück. (Akkusativ, Singular)
h) **Ihretwegen** (wegen **ihrer**) konnte der Bauer nicht einschlafen (Genitiv, Plural)
i) Trotz **seiner** war er nicht glücklicher. (Genitiv, Singular)
j) Die bunten Tücher gehören **ihnen**. (Dativ, Plural)
k) Das Gespräch wird **sie** überzeugen. (Akkusativ, Plural)
l) Wir schreiben **ihm** einen Brief. (Dativ, Singular)

Seite 31

Aufgabe 3

b) „**Ihr** seid alle bei **mir** eingeladen.
Ich habe Geburtstag und freue **mich** auf **euch**!"
c) „**Wir** möchten von **euch** ein paar tolle Tricks sehen.
Könnt **ihr sie uns** vorführen?"
d) „Könnt **ihr mir** mal ein Pflaster holen oder soll **ich** verbluten? Beeilt **euch**!"

Seite 32

Aufgabe 4:

Die Personalpronomen stehen in der passenden Reihenfolge der Sätze:
Sie – Es – es (sie) – es – Wir – Ich – wir – es uns (euch, mir) – euch (uns) – Es – uns (euch, mir) – euch – Wir (ich) – euch

Seite 33

Aufgabe 1:

Singular

1. Person	2. Person	3. Person
mein	dein	sein
mein	deine	seinem
meine	deiner	seinen
meinen	dein	seine
		sein

Plural

1. Person	2. Person	3. Person
unsere	eure	ihre
unserer	eure	
unsere		
unsere		
unsere		
unser		

Aufgabe 2:

Susanne trägt auf der Klassenfahrt **deinen** Anorak. Die Frau verkauft **ihr** Fahrrad. Erst trinken wir **unsere** Limonade aus. Der Kaufmann wird **euer** Geld zurückgeben. Unter dem Bett liegen **meine** Comics. Die Kinder wollen **seine** Computerspiele haben. Die Stewardess überprüft **ihre** Flugtickets. Franz verkauft **seine** Eisenbahn.

Seite 34

Aufgabe 3:

Die Ergänzungen sind in der vorgegebenen Satzfolge geschrieben: Es ist meins. Es sind deine. Es sind seine. Es ist ihre. Es sind unsere. Es sind eure. Es ist ihre.

Aufgabe 5:

Der neue Schwimmmeister
Heute hat Schwimmmeister Franz **seinen** ersten Arbeitstag. Die Sonne sendet **ihre** Strahlen durch die hohen Fenster der Schwimmhalle. Franz kann **seinem** Glück noch immer nicht trauen. Die Stadträte hatten auf **ihrer** letzten Ratssitzung beschlossen ihn einzustellen. „Sie sind **unser** Mann!", hatte der Stadtdirektor gestern zu Franz gesagt. „Sie werden **Ihre** Sache gut machen." „Was mag diese unverhoffte Entscheidung wohl beeinflusst haben?", dachte er. „Ich kann **mein** Glück kaum fassen." Ein Sprichwort lautet: Jeder ist **seines** Glückes Schmied. „Aber ich habe mich gar nicht angestrengt. Es ist geschehen ohne **mein** Dazutun. Dennoch müssen wir **unsere**

Chancen ergreifen, wenn sie sich anbieten." Unbeholfen wälzte sich Franz von **seinem** Stuhl auf den Boden. Großzügig hatte man seine Mittagsportion reichlich bemessen. „Portionen müssen groß sein, wenn wir als Schwimmmeister **unseren** Job gut machen wollen", schmatzte Franz hinter **seinem** Bart. Nachdem er den Eimer leer gegessen hatte, balancierte er ihn auf **seiner** Nasenspitze. Im Spiegel gegenüber sah er **sein** Spiegelbild. Die Haare **seines** Fells glänzten in der Sonne. **Seine** Geschmeidigkeit macht Franz im Wasser besonders schnell. Jaja, so kann man auch als Seehund **sein** Glück machen.

Seite 35

Aufgabe 1:

1. Teil: „Dies?" – „Das mit Schokolade drum herum." – „Dieses hier?" – „Nein, das links!" – „Immer willst du dasselbe!" – „Nein, heute jenes in der gelben Packung." – „Na dann guten Appetit."
2. Teil: das – dieses – jenes – dasselbe – jenes

Seite 36

Aufgabe 2:

Dieses Gespräch musst du selbst schreiben.

Aufgabe 3:

a) das (dieses) – dasselbe; b) dasselbe – dieses;
c) dieselben – Das – diese; d) diese – jene;
e) dieses (das) – jenen; f) dieser – das – Dieses – derselbe;
g) dieses – jenes;

Seite 37

Aufgabe 4:

Demonstrativpronomen: Diese, jene, dieses, Diese
Possessivpronomen: meine, unserer, euer, unsere

Aufgabe 5:

Seit ich mehr für das Fach Mathematik übe, macht **es** (**dieses**) mir viel mehr Spaß. **Der** (**Dieser**) kommt dadurch zu Stande, dass ich jetzt keine Angst mehr haben muss aufgerufen zu werden. **Die** (**Diese**) hatte mir den ganzen Schulvormittag verleidet. **Der** (**Dieser**) geht dann nur sehr langsam und unter Stress vorbei. Auf **den** (**diesen**) kann ich mit Freude verzichten. **Die** (**Diese**) überträgt sich auch auf die anderen Fächer. In **diesen** melde ich mich jetzt auch häufiger. **Das** ist den Lehrern und meinen Mitschülern aufgefallen.

Seite 38

Aufgabe 1:

Unter Wasser

Die warmen Sonnenstrahlen spiegeln sich auf der ruhigen Wasseroberfläche und erzeugen helle, schnelle Reflexe auf den schroffen Felswänden. Unter Wasser ist von diesem schönen Schauspiel nichts mehr zu sehen. Hier bin ich in eine fast lautlose Stille eingetaucht. Sie bildet in ihrem bläulichen Schimmer einen krassen Gegensatz zu der doch recht geräuschvollen Welt da oben. Meine neue Schnorchelausrüstung ist aus bestem Material und so kann ich mich ganz auf die wunderbaren bunten Fische und bizarren Felsen konzentrieren. Da schwimmt ein riesiger Fisch auf mich zu. Seine enorme Größe verdunkelt das Riff. Er reißt sein riesengroßes Maul auf und ich sehe in seinen schwarzen Schlund. Da wirbelt er mit einem gewaltigen Schlag seiner muskulösen Schwanzflosse herum und ich erhalte einen dumpfen Schlag an den Kopf. Plötzlich sitze ich vor meinem kuscheligen Bett auf dem kalten Boden. Dämmriges Licht fällt durch die Gardinen und ich merke, wie eine hässliche Beule an meinem noch traumerfüllten Hinterkopf wächst.

Seite 39

Aufgabe 2:

warm – ruhig – hell – schnell – schroff – schön – lautlos – bläulich – krass – geräuschvoll – neu – gut(!) – wunderbar – bunt – bizarr – riesig – enorm – riesengroß – schwarz – gewaltig – muskulös – dumpf – kuschelig – kalt – dämmrig – hässlich – traumerfüllt

Aufgabe 3:

a) gelben: Gerrits Tornister ist gelb.
b) alte, schöne: Susannes Schmetterlingssammlung ist alt, aber schön.
c) hohes: Das Tempo des Sprinters ist hoch.

Aufgabe 4:

a) interessant: Heute hatten wir sehr interessanten Deutschunterricht.
b) lecker: Beim Italiener gibt es leckeres Eis.
c) gefährlich: Von Ferne hörte man das gefährliche Brüllen des Löwen.
d) schräg: Die Schülerband spielte ziemlich schräge Lieder.

Seite 40

Aufgabe 5:

Alle drei Aussagen sind richtig.

Aufgabe 6:

Zum Beispiel:

Unheimliche Gesellen

Wenn der **bleiche** Mond am **dunklen** Himmel steht, dann kommen sie heraus. Sie flattern **unruhig** an der **scharfen** Sichel des Mondes vorbei. Auf ihrer **nächtlichen** Jagd interessieren sie nur die **schwirrenden** Insekten, die sich am Teich **zahlreich** versammelt haben. Wenn die **warme** Sommersonne am **östlichen** Himmel einen **hellen** Schimmer verbreitet, dann ziehen sie sich **satt** in ihre **alten** Gemäuer zurück. Sie scheuen den **hellen** Tag. Der gehört den **bunten** Vögeln, die **lustig** zwitschern. Im Gegensatz dazu sind sie schon **lichtscheu**, die Fledermäuse.

Seite 41

Aufgabe 7:

Zum Beispiel:

schön – längeren – leckere – erfrischende – so schnell – bekannten – weite – willkommene

Aufgabe 8:

Meine **kleine** Schwester fragte mich, ob ich ihren **neuen** Teddy gesehen hätte. In einem **jähen** Anfall von **heftiger** Wut, das **nervige** Biest hatte mich wieder einmal geärgert, hatte ich ihren **neuen** Teddy auf den **großen** Schrank geworfen. Als ich auf dem **wackeligen** Stuhl auf dem **dreibeinigen** Tisch stand, passierte es. Die **unsichere** Konstruktion brach zusammen. Da lag ich mit meinem **berechtigten** Schmerz und war um eine **bittere** Erfahrung reicher.

Seite 42

Aufgabe 1:

Zum Beispiel:
Bernd ist größer als Inge. Susanne ist am größten.
Bernd ist so groß wie Thomas. Inge ist am kleinsten.
Susanne hat längere Haare als Inge. ...
Die Eule ist größer als der Elefant. Die Maus ist am größten.
Die Giraffe ist so groß wie der Elefant. Elefant und Giraffe sind am kleinsten. Die Maus hat größere Ohren als die ...

Seite 43

Aufgabe 2:

Zum Beispiel:
Positiv: Die Sommerferien sind kurz.
Komparativ: Die Osterferien sind kürzer.
Superlativ: Die Herbstferien sind am kürzesten.

Aufgabe 3:

gut – besser – am besten

Aufgabe 4:

Die Adjektive stehen in der richtigen Reihenfolge: schöner – gut – am langsamsten – größer – kälter – lieb – am schnellsten – wässriger

Seite 44

Aufgabe 1/3:

Zum Beispiel:
Eine Nacht im Gebirge
Wir warten **an** *(3. Fall)* der Bushaltestelle **auf** *(4. Fall)* den Bergführer. Er soll uns **in** *(4. Fall)* die Berge begleiten. Wir wollen eine Nacht **in** *(3. Fall)* einer Berghütte **an** *(3. Fall)* einem steilen Abhang verbringen. **Mit** *(3. Fall)* den Rucksäcken **auf** *(3. Fall)* den Schultern ist es ein beschwerlicher Weg **zu** *(3. Fall)* der Hütte. Während die Sonne untergeht, bauen wir das Nachtlager ***unter*** *(3. Fall)* dem schrägen Dach der Hütte, **auf** *(4. Fall)* das schwere Steine gelegt worden sind. Schon bald stehen die ersten Sterne **an** *(3. Fall)* dem dunklen Himmel. Keine Laute dringen **an** *(4. Fall)* unser Ohr. Es ist eine ungeheure Stille **für** *(4. Fall)* uns. **Inmitten** *(2. Fall)* der Natur kommen wir uns ganz klein vor. Erst jetzt merkt man, wie fremd uns die Natur geworden ist. **Bis zu** *(3. Fall)* dem herrlichen Sonnenaufgang haben wir noch viel Zeit. **Gegen** *(4. Fall)* unsere Rucksäcke gelehnt, erzählen wir uns spannende Geschichten.
Über *(4. Fall)* diese tollen Erlebnisse werden wir viel zu erzählen haben. Hoffentlich machen wir bald wieder so eine Tour, **auf** *(4. Fall)* die wir uns schon jetzt freuen.

Seite 45

Aufgabe 2:

b) Wo? auf dem Flur (3. Fall/Dativ)
c) Wo? unter dem Stuhl (3. Fall/Dativ)
d) Wohin? unter den Kopf (4. Fall/Akkusativ)

Aufgabe 3:

Vergleiche die Klammer-Einfügungen zur Lösung von Aufg.1, S. 44.

Aufgabe 4:

Ohne mit der Wimper ...; **Gegen** Osten erschien ...;
Wegen einer Erkältung ...; **Durch** die warme Witterung ...

Seite 46

Aufgabe 5:

zu der Hütte (zur Hütte); unter dem schrägen Dach (unterm schrägen Dach); an dem dunklen Himmel (am dunklen Himmel); Bis zu dem herrlichen Sonnenaufgang (bis zum herrlichen Sonnenaufgang)

Aufgabe 6:

über das Haus (übers Haus);
in dem Garten (im Garten);
unter dem Fenster (unterm Fenster);
vor dem Aufstehen (vorm Aufstehen);
bei dem Klettern (beim Klettern);
für das Fernsehen (fürs Fernsehen)

Aufgabe 7:

a) über b) von – ins c) Auf – hinter (in) d) auf e) im – vor

Seite 47

Aufgabe 1:

a) gerne, b) immer, c) dort, d) deshalb, e) allerdings

Aufgabe 2

a) Ich erinnere mich **gerne** an unser Zeltlager.
b) Meine Gedanken kreisen **immer** um ein bestimmtes Erlebnis.
c) Die erstaunliche Geschichte hat sich **dort** im Wald zugetragen.
d) Sie sollte **deshalb** aufgeschrieben werden.
e) Ich sollte **allerdings** nicht übertreiben.

Seite 48

Aufgabe 3:

Dieses kleine Erlebnis kannst du selbst schreiben.

Aufgabe 4:

immer (wann?) **vorwärts** (wohin?)
meistens (wann?) **sehr** (wie?)

Seite 49

Aufgabe 5:

A	**B**
bald, gestern, oft, jetzt, nie, vorher	unten, dort, dorthin, nirgends, überall
C	**D**
darum, deshalb, dazu	eilends, genug, sehr, überaus

Aufgabe 6:

Zeit = A; Ort = B; Grund = C; Art und Weise = D

Seite 50

Aufgabe 7:

Adverb des Ortes – dort, hier, dorthin, oben
Adverb der Art und Weise – eilends, gern
Adverb des Grundes – deshalb, deswegen
Adverb der Zeit – gestern, bald, jetzt

Aufgabe 8:

b) Das Gebäude ist **außen** mit hellem Sandstein verkleidet.

c) Sabine konnte das T-Shirt **anstandslos** wieder umtauschen.

d) Die Abgeordneten wurden zur Abstimmung **namentlich** aufgerufen.

e) Die Kinder sprangen **kopfüber** ins Wasser.

f) **Jedes Mal**, wenn es klingelt, bellt unser Hund.

g) Nette Menschen finden wir **überall** auf der Welt.

Seite 51

Aufgabe 9:

b) abends c) deshalb d) nie e) trotzdem f) Bald g) Gern

Seite 52

Aufgabe 1:

Wie der Name sagt, verbinden die Bindewörter (Konjunktionen) Aussagen miteinander.
Weitere Konjunktionen: als, indem, auch, aber, oder, sowohl – als auch, bevor, entweder – oder, wenn, ob ...

Aufgabe 2:

b) Ich weiß noch nicht, ob ich dich am Samstag oder am Sonntag besuchen komme.

c) Noch ist nicht entschieden, ob das Ozonloch größer oder kleiner wird.

d) Sebastian und Ute wollen mit ihren Rollerskates stets die Schnellsten sein.

Seite 53

Aufgabe 3:

a) Bastian will ein Segelflugzeug basteln und an einem Flugwettbewerb teilnehmen. b) Der Busfahrer blinkte und bog in die Goethestraße ein. c) Die Maus kam aus ihrem Loch heraus und spähte vorsichtig nach allen Seiten. d) Dieter will Physik studieren und in der Raumfahrtindustrie arbeiten.

Aufgabe 4:

a) dass, b) wenn (falls, sofern) c) aber (obwohl, doch) d) dass

Seite 54

Aufgabe 1:

1. sieben

Aufgabe 2:

1. Verb; 2. Nomen/Substantiv; 3. Pronomen; 4. Adjektiv; 5. Präposition; 6. Adverb; 7. Konjunktion

Aufgabe 3:

Personalpronomen – Demonstrativpronomen – Possessivpronomen

Aufgabe 4:

bestimmte Artikel: der – die – das;
unbestimmte Artikel: ein – eine

Aufgabe 5:

Sofort (Adverb) startete (Verb) er (Pronomen) mit (Präpositon) größter (Adjektiv) Kraft (Nomen/Substantiv).

Seite 55

Aufgabe 1:

| Der große Hund | jagt | die flinke Katze | auf einen Baum |

Aufgabe 2:

Den Ball kickt Tim.

Seite 56

Aufgabe 3:

a) Wir + fahren + in den Sommerferien + ans Meer.

b) Ans Meer + fahren + wir + in den Sommerferien.

Aufgabe 4:

Zum Beispiel:
Im undurchdringlichen Nebel + verschwand + das lautlose Schiff.
Das lautlose Schiff + verschwand + im undurchdringlichen Nebel.
Das Eis + ist + mir + in die Pfütze + gefallen.
Mir + ist + das Eis + in die Pfütze + gefallen.
Klaus + trank + seine Cola + in hastigen Zügen.
In hastigen Zügen + trank + Klaus + seine Cola.
Der Straßenlärm + übertönte + die heiseren Rufe aus der Toreinfahrt.
Die heiseren Rufe aus der Toreinfahrt + übertönte + der Straßenlärm.

Seite 57

Aufgabe 5:

1. Morgen + spielt + die Klasse 5 b + Fußball + gegen die Elternmannschaft. 2. Die Klasse 5 b spielt morgen Fußball gegen die Elternmannschaft. 3. Fußball spielt die Klasse 5 b morgen gegen die Elternmannschaft. 4. Gegen die Elternmannschaft spielt die Klasse 5 b morgen Fußball.

Seite 58

Aufgabe 1:

Wer oder was macht noch keinen Sommer?
Eine Schwalbe ... .
Wer oder was findet am Montag statt?
Am Montag findet **das Seifenkistenrennen** statt.

Aufgabe 2:

Der Autofahrer verpasste die Autobahnauffahrt. Auf dem Hochsitz saß **der Förster** und beobachtete das Wild. Heute gab **die Lehrerin** wenig Hausaufgaben auf. **Petra** hatte vergessen, ihren Badeanzug einzupacken. **Die Latte** lag für den Stabhochspringer viel zu hoch. Ohne Scheu sprang **das Pferd** über die Hürden. **Mond und Sonne** sind selten zur gleichen Zeit zu sehen. Die Teppichfransen frisst **unser Hund** am liebsten. Vor den diebischen Elstern sind **glänzende Gegenstände** nicht sicher.

Seite 59

Aufgabe 3:

Auf der Kirmes
Im Herbst kommt <u>die Kirmes</u> in unsere Stadt. <u>Alle Kinder</u> und <u>die meisten Erwachsenen</u> freuen sich darauf. Jedes Jahr sind <u>neue Attraktionen</u> da. Hoffentlich wird <u>das Geld</u> reichen. <u>Oma</u> und <u>Opa</u> werden wohl auch nicht knauserig sein. Und für das Rasenmähen gibt <u>es</u> ja mit ein bisschen Glück auch noch Geld. Aus der Ferne kannst <u>du</u> schon die Musik hören. <u>Der Geruch von gebrannten Mandeln und Bratwurst</u> liegt über dem Platz. In dem Gedränge kommt <u>man</u> kaum vorwärts. <u>Die meisten Kirmesbesucher</u> stehen aber vor der Überschlagschaukel. Wenn doch <u>der Eintritt</u> nicht so teuer wäre! Da fahre <u>ich</u> lieber dreimal mit dem alten Kettenkarussell.

Aufgabe 4:

Der Hase flieht vor dem Lärm der Mähdrescher.
Die Zuschauer lachen bei den Witzen des Clowns.
Der Affe sitzt in der Spitze des Baums.
Isabelle erwartet ihre kleine Schwester am Busbahnhof.

Aufgabe 5:

Das „S" steht jeweils in dem Kästchen, das über „Tim" steht.

Seite 60

Aufgabe 1:

Reifenwechsel

Zuerst **hole** ich mein Fahrrad aus dem Keller. Dann **stelle** ich es umgekehrt auf den Lenker und den Sattel. Zuerst **löse** ich das Vorderrad aus der Gabel. Als Nächstes **ziehe** ich den Schlauch unter der Reifendecke **heraus**. Jetzt **pumpe** ich den Schlauch **auf**. Sodann **halte** ich den Schlauch unter Wasser. Aus dem Loch in dem Schlauch **steigen** Luftblasen **auf**. Darauf **klebe** ich ein Gummiläppchen. Danach **setze** ich das Rad wieder **zusammen**. Zuletzt **schraube** ich das Rad wieder in die Gabel.

Aufgabe 2:

Klassenchampion

Die Sportstunden liebt Rainer über alles. Hier kann er sich richtig austoben. Am besten gefällt ihm das Volleyballspiel. Hier kann er zeigen, was er kann. Hauptsache, das Zusammenspiel klappt. Am meisten freut es ihn, wenn die Bälle passend das Netz erreichen. Dann kann er, wenn er vorn am Netz steht, den Ball in das gegnerische Feld schmettern. Allerdings verletzt man sich bei dem Spiel leicht. Aber ein paar blaue Flecke schaden doch nicht, oder?

Seite 61

Aufgabe 3:

Die Sätze schaffst du bestimmt allein.

Aufgabe 4:

Prädikat

ohne Ergänzung	*mit einer Ergänzung*	*mit zwei Ergänzungen*
stinken	biegen	geben
schlafen	beißen	schenken
lachen		
frieren		

Seite 62

Aufgabe 5:

Der Sturm heult. (1) Die Reise geht diesmal in die Alpen. (3)
Der Kunstsammler hängt sein neues Bild an die Wand. (3)
Die Architektin plant ein Zweifamilienhaus. (2)
Der Tapezierer klebt die Tapete ins Wohnzimmer. (3)
Der Angler fängt viele Fische. (2)

Aufgabe 6:

Ihre Schultasche stellt Hatice in den Flur. In den Flur stellt Hatice ihre Schultasche. Stellt Hatice ihre Schultasche in den Flur?

Subjekt und Prädikat bleiben immer eng beieinander.

Seite 63

Aufgabe 7:

Perfekt: Die Amsel ist in ihr Nest zu ihren Jungen zurückgeflogen.
Futur I: Die Amsel wird in ihr Nest zu ihren Jungen zurückfliegen.
Perfekt: Klaus hat den Füller unter die Zeitung gelegt.
Futur I: Klaus wird den Füller unter die Zeitung legen.
Perfekt: Petra hat beim Wettschwimmen gewonnen.
Futur I: Petra wird beim Wettschwimmen gewinnen.

Aufgabe 8:

Hier sind die zweiteiligen Prädikate fett gedruckt, die einteiligen unterstrichen.

Meine Katze

Heute **habe** ich meine kleine Katze **bekommen**. Ich **werde** sie Minka **nennen**. Ihr rötliches Fell leuchtet in der Sonne.
Sie bewegt sich noch ganz tollpatschig. Mit ihren Krallen **hat** sie mir schon die Hände ziemlich **zerkratzt**. Auch **hat** sie schon einige Vasen **umgekippt**. Deswegen gebe ich ihr zum Spielen eine kleine Stoffmaus. Mit der **wird** sie genauso gerne **herumwirbeln**. Sie frisst immer nur ein bisschen. Meine Mutter **hat** am Nachmittag **versprochen**: „Ich **werde** deinem Liebling einen richtigen Schlafkorb **aufstellen**." Den **wird** sie mit einer kuscheligen Decke **auslegen**.
Bald darf die kleine Katze nach draußen in den Garten.
Aber erst **wird** sie **geimpft**. Bald **wird** sie auch **lernen**, wie man Mäuse fängt. Das **ist** noch bei jeder Katze so **gewesen**.

Aufgabe 9:

Das „P" steht jeweils über dem „kickt".

Seite 64

Aufgabe 2:

Satz a

Aufgabe 3:

Die Kinder lachten. Der Fußballspieler kickt den Ball. Meine Großeltern geben mir Taschengeld. Die Kinderkrankenschwestern geben den Säuglingen die Flasche.
Die Angehörigen gedachten der Lawinenopfer. Die ersten Sonnenstrahlen erwärmen die Steinterrassen. Man bezichtigte ihn der Lüge.

Aufgabe 4:

A: Wen oder was? B: Wessen? C: Wem?

Seite 65

Aufgabe 5:

Mensch ärgere dich nicht!

Sabine würfelt **eine Sechs (Wen oder was?)**. Sie hat wieder einmal **Glück (Wen oder was?)**. Sie schlägt **die Spielfigur ihres Bruders (Wen oder was?)**. Achim nimmt **den Würfel (Wen oder was?)**. Er will **eine Revanche (Wen oder was?)**. Er gönnt **Sabine (Wem?)** nicht **den Sieg (Wen oder was?)**.
Achim kann gegen **den Sieg (Wen oder was?)** nichts machen.
Sabine dagegen kann **ihre Freude (Wen oder was?)** kaum verheimlichen.

Aufgabe 6:

Hier Beispiele für Ergänzungen:
Der Omnibusfahrer übersah **die Haltestelle**.
(Frage: Wen oder was?)

Die neue Nachbarin sah **den Mann**.
(Frage: Wen oder was?)
Die Regattasegler erwarten **den Startschuss**.
(Frage: Wen oder was?)
Die Pferde überspringen **das Hindernis**.
(Frage: Wen oder was?)
Hasan belegte **den ersten Platz**.
(Frage: Wen oder was?)

Seite 66

Aufgabe 7:

im Akkusativ	im Dativ
seine Spuren	Dem Leben in der Erde
seine Anwesenheit	ihm
den Maulwurf	den Gärtnern
lange Krallen	ihnen
die Erde	
seine weit verzweigten Gänge	
die Erde	
einen Gang zur Erdoberfläche	
einen guten Gehör- und Geruchssinn	
einen empfindlichen Tastsinn	
einen hohen Kraftaufwand	
viele Schädlinge	

im Genitiv
seine Grabhände
einer großen Menge Nahrung

Seite 67

Aufgabe 8:

a) Die Schüler beobachten **ein Experiment**.
b) Die Klasse 6 a hat wieder **einen Preis** gewonnen.
c) Christof gibt **seiner Freundin** den Comic zurück.
d) Der Uhu kann **den Kopf** vollständig nach rückwärts drehen.
e) Karin rühmt sich **ihrer Erfolge**.

Aufgabe 9:

Das „O" steht jeweils über „den Ball".

Aufgabe 10:

Subjekt – Prädikat – Dativobjekt – Akkusativobjekt

Aufgabe 11:

Gibt er ihr das Buch?

Aufgabe 12:

Im Aussagesatz steht die finite Verbform an zweiter Satzgliedstelle, im Fragesatz (ohne Fragewort) an erster Satzgliedstelle.

Seite 68

Aufgabe 1:

Mögliche Lösungen lauten:

Katja fährt mit Vergnügen nach Berlin. Katja fährt ganz allein mit dem Zug.
Morgen fährt Katja nach Berlin. Voller Erwartung fährt Katja mit dem Zug.
Hossein lachte ohne Grund während des Mathematikunterrichts. Hossein lachte aus vollem Hals.
Während des Mathematikunterrichts lachte Hossein ohne Grund. Aus vollem Hals lachte Hossein.

Aufgabe 2:

Alle drei Antworten sind richtig.

Seite 69

Aufgabe 3:

In der Reihenfolge: Wann? – Wie? – Wo? – Weshalb?/Warum?

Aufgabe 4:

... fahren wir ...

Aufgabe 5:

Morgen ... wegen der Schneefälle ... ... mit dem Zug ...
... nach Berlin ...

Aufgabe 6:

In der Reihenfolge: Wann? – weshalb?/warum? – wie?/womit? – Wohin?

Aufgabe 7:

Die Umstandsangaben geben an: die Zeit, den Ort, den Grund und die Art und Weise eines Geschehens (die Mittel).

Seite 70

Aufgabe 8:

Die Schule brennt
Heute Morgen (Wann?) konnten wir ausschlafen. Wir brauchten aus einem bestimmten Anlass (Weshalb?/Warum?) nicht aufzustehen. Wegen Schweißarbeiten der Handwerker (Weswegen?) hatte es auf dem riesigen Dachboden der Schule (Wo?) gebrannt. Die Feuerwehr war sofort (Wann?) mit ihren Löschwagen (Womit?) zur Brandstelle (Wohin?) gerast. Aus der ganzen Umgebung (Woher?) waren die Löschwagen zusammengezogen worden. Die Feuerwehrmänner mussten einige Stunden (Wie lange?) löschen. Immer wieder (Wie oft?) schlugen Flammen aus dem krachenden Dach (Woraus? Woher?). Wegen der leuchtenden Flammen schimmerte die ganze Gegend rötlich (Wie?). Wir Kinder fanden dieses Ereignis sehr spannend. Es wird noch einige Zeit (Wie lange?) dauern, bis der Unterricht wieder aufgenommen werden kann.

Aufgabe 9:

Adverbialbestimmungen

der Zeit	*des Ortes*
heute Morgen	auf dem riesigen Dachboden der Schule
sofort	zur Brandstelle
einige Stunden	aus der ganzen Umgebung
einige Zeit	aus dem krachenden Dach

der Art und Weise	*des Grundes*
mit ihren Löschwagen	aus einem bestimmten Anlass
immer wieder	wegen Schweißarbeiten der Handwerker
rötlich	

Seite 71

Aufgabe 10:

Diese Sätze musst du allein formulieren.

Aufgabe 11:

Der Mann stiehlt das Kaninchen am frühen Morgen.
Der Mann stiehlt das Kaninchen aus dem Stall.
Der Mann stiehlt das Kaninchen aus Habgier.
Der Mann stiehlt das Kaninchen ganz leise.

Seite 72

Aufgabe 1:

Die **kleine** Micky Mouse hat schon **viele gefährliche** Abenteuer bestanden. Kater Karlo ist ihr **heimtückischer** Gegner, dessen **größtes** Vergnügen **gestohlene** Sachen sind. Mit seinem **verdorbenen** Charakter ist er zu **jeder** Schandtat bereit. Von ihm **betrogene** Menschen möchten, dass er von Micky gefasst wird. Aber immer wieder kann er aus den **düsteren** Gefängnissen fliehen.

Aufgabe 2:

Morgen wollen Tick, Trick und Track mit dem gutwilligen, aber tollpatschigen Onkel Donald in die wohlverdienten Ferien fahren. Sie wollen ihren lange geplanten Campingurlaub machen. Das neue Zelt und die gepackten Koffer sind im Auto verstaut. Wenn nur Onkel Donald käme, könnte es sofort mit dem schnittigen roten Cabriolet losgehen. Die ungeduldigen Neffen warten und warten. Erst am späten Nachmittag kommt Onkel Donald nach Hause. Er hat den festgesetzten Abreisetag vergessen. Stattdessen hat er Daisy für morgen ins Entenhausener Kino eingeladen. Jetzt traut sich Donald nicht, Daisy wieder auszuladen. Dazu fehlt ihm der notwendige Mut, denn mit der selbstbewussten Daisy ist nicht zu spaßen. Hoffentlich können die verlorenen zwei Tage nachgeholt werden. Die Freude der Neffen könnte sonst stark getrübt werden. Und das hieße für den in die Enge geratenen Donald wiederum nichts Gutes.

Seite 74

Aufgabe 1:

b) **Am Morgen** | **hatte** | **sie** | **ein Baggerfahrer** | **ausgegraben**.

Am Morgen	hatte	sie
Wann?	Was wird ausgesagt?	Wen oder was?
Adverbialbest.	Prädikat	Objekt (Akkus.)

ein Baggerfahrer	ausgegraben.
Wer?	
Subjekt	Prädikat

c)

Zum nächsten Telefon	lief	er	und
Wohin?	Was wird ausgesagt	Wer?	
Adverbialbest.	Prädikat	Subjekt	

rief	die Feuerwehr.
Was wird ausgesagt	Wen oder was?
Prädikat	Objekt (Akkus.)

d)

Spezialisten	kamen	sofort
Wer?	Was wird ausgesagt?	Wann?
Subjekt	Prädikat	Adverbialbestimmung

in ihrem Einsatzwagen.
Wie?/Womit?
Adverbialbestimmung

e)

Die Anwohner	mussten
Wer?	Was wird ausgesagt?
Subjekt	Prädikat

wegen der Explosionsgefahr	ihre Häuser	verlassen.
Warum?/Weshalb?	Wen oder was?	
Adverbialbestimmung	Objekt (Akkus.)	Prädikat

f)

Die Katastrophe	konnte verhindert werden.
Wer?	Was wird ausgesagt?
Subjekt	Prädikat

g)

Mit aller Sorgfalt	entschärften	die Feuerwerker
Wie?	Was wird aus ausgesagt?	Wer?
Adverbialbest.	Prädikat	Subjekt

die Bombe.
Wen oder was?
Objekt (Akkus.)

Seite 75

Aufgabe 1:

a) Er sagt: „Von zu vielen Kirschen bekommst du Bauchschmerzen."
b) Er fragt: „Wie oft hast du den Zwerg denn schon getroffen?"
c) Er brüllt: „Endlich hab ich dich erwischt!"
d) Er befiehlt: „Sammle sofort die Kerne wieder auf."

Aufgabe 2:

Du findest bestimmt eine Lösung.

Seite 76

Aufgabe 3/4:

Die Satzzeichen sind nicht immer eindeutig. Sie hängen zum Teil davon ab, was man erreichen will.

Aussagesätze:
Die Katze schläft. Annette kann ihre Turnschuhe nicht finden. Nikos Papagei sitzt auf dem Dach. Peter sucht seinen Socken. Mein Goldhamster ist in die Suppe gefallen.

Fragesätze:
Wie komme ich zur Schillerstraße? Hast du meinen Freund gesehen? Sind deine Hausaufgaben fertig? Wo ist mein Radiergummi? Wann gibt es die nächste Sonnenfinsternis? Ist in deinem Apfel auch ein Wurm?

Aufforderungssätze:
Ich will, dass ihr sofort ruhig seid! Pass auf den Ball auf!
Du sollst nicht immer in der Nase bohren!
Kommt mir alle nach!

Ausrufesätze:
Da muss ich hin! Hat mich das gefreut! Ich will mein Fahrrad wiederhaben! Hättest du doch auf mich gehört! Mist, schon wieder Regen!

Seite 77

Aufgabe 5:

Aussagesatz:
Reihenfolge der Satzglieder: Subjekt – Prädikat – Objekt
Fragesatz:
Reihenfolge der Satzglieder: Prädikat – Subjekt – Objekt

Aufgabe 6:

a) Haben die Nachbarn einen schwarzen Hund?
b) Kann der Bauer mit seinem Trecker schwere Lasten ziehen?
c) Jemand hat mir meinen Radiergummi versteckt.
d) Silvia ist schon einmal in Griechenland gewesen.

Aufgabe 7:

Zum Beispiel:
b) „Rot!" c) „Beeil dich!" d) „Hü", „Galopp!" e) „Lass los!"
f) „Iiii, eine Spinne!"

Seite 78

Aufgabe 8:

Zum Beispiel:
Vater sagt: „Es ist schon spät! Du sollst doch nicht mehr so lange lesen! Du musst (schließlich) morgen in die Schule!"

Aufgabe 9:

Vater **sieht** unter Heikes Zimmertür noch spät Licht hervorschimmern. Er **klopft** energisch an, **steckt** seinen Kopf durch den Türspalt und **fragt**: „**Weißt** du nicht, wie spät es **ist**? **Hab** ich dich nicht gebeten nicht mehr so lange zu lesen? Oder **hast** du morgen etwa keine Schule?

Aufgabe 10:

a) Der	gehört	mir!	
S	P	O	

b) Kommst	du	mit?	
P	S	P	

c) Gehst	du?		
P	S		

d) Gib	den	Brief	her!
P	O		P

Seite 79

Aufgabe 1:

a) Katharina spielt gern Eishockey und Susanne fährt lieber Rennski.
b) Die Badeanstalten öffnen zwar im Sommer, aber bei diesen niedrigen Temperaturen kann man noch nicht baden gehen.
c) Bald werden wir das Donnern hören, denn es hat geblitzt.
d) Der Läufer gab nicht auf, sondern er kämpfte bis zum Schluss.
e) Der starke Willi aß sechs Scheiben Wurstbrot und dabei grunzte er vor Behagen.
f) Die Wege waren feucht, aber wir kamen trotzdem ans Ziel.
g) Wir kommen heute oder wir kommen morgen.

Seite 80

Aufgabe 2:

Zum Beispiel:
Er hatte eine Autopanne, **trotzdem** kam er noch pünktlich. Die Sonne brannte vom Himmel, **deshalb** mussten wir unsere Pullover ausziehen. Alle schliefen, **aber** der Wächter stand noch oben auf dem Turm. Wir mussten die Pullover ausziehen, **denn** die Sonne brannte vom Himmel. Kannst du mir die CD leihen **oder** überspielst du mir den Titel?

Seite 81

Aufgabe 1/2:

Zeige (blau) mir den Weg, **damit** ich zu euch fahren kann (rot). **Nachdem** die Sonne untergegangen war (rot), wurde (blau) es lausig kalt. **Ehe** er sich versah (rot), hatte (blau) sich der Fisch im Netz verfangen. Die Fliege ertrank (blau), **obwohl** sie in der Milch tüchtig zappelte (rot). Franziska bekam (blau) ein gutes Zeugnis, **weil** sie viel gelernt hatte (rot). **Dass** es endlich Ferien gab (rot), war (blau) schon eine tolle Sache.

Seite 82

Aufgabe 3:

Er sagte mir, dass ich bei ihm bleiben solle. Bevor wir uns streiten, lass uns lieber noch einmal nachdenken. Der Strom fiel aus, nachdem der Blitz eingeschlagen hatte. Der Regen drang durch das Zeltdach, sodass wir alle bis auf die Haut nass wurden. Tobias hat, obwohl er 16 Jahre ist, noch nie geraucht. Obgleich Lisa gut schwimmen kann, kam sie kaum gegen die Brandung an.

Aufgabe 4:

dass, bevor, nachdem, sodass, obwohl, obgleich

Aufgabe 5:

Paul kannte den Mann, **weil er ihm schon einmal begegnet war**.
Solange der Wind stürmt, fahre ich nicht mit dem Fahrrad.
Obwohl sie keine Lust hatte, kam sie mit uns.
Der Maler war in den Farbeimer getreten, **bevor er ihn sah**.

Aufgabe 6:

Die zweite und vierte Aussage sind richtig.

Seite 83/84

Aufgabe 7:

Obwohl sie viel trainiert hatten, konnten sie ihre Spielstärke nicht mehr steigern. Weil es so stark regnete, stiegen die Flüsse über die Ufer. Die beteiligten Sportler standen, als die Urkunden verlesen wurden. Früher stießen die Lokomotiven dicke Rauchwolken aus, wenn sie den Bahnhof verließen.

Aufgabe 1:

a) Laura kam mit ihrem Bruder, **der** immer nur Eis essen wollte.
b) Klaus kannte den Mann, **der** eine dunkle Brille trug.
d) Das Mädchen, **das** seine Puppe verloren hatte, brüllte laut.
e) Die Pizza, **die** wir selbst gebacken hatten, schmeckte schrecklich.

Seite 84

Aufgabe 2:

a) Alle warteten auf Guido, **der witzig ist.**
b) Marie klettert als Einzige auf den Baum, **der hoch ist.**
c) Der Professor, **der vergesslich ist,** hat seine Brille verlegt.
d) Wir haben alle Angst vor dem Hund, **der bissig ist.**
e) Mir schmecken die Bonbons, **die grün sind,** am besten.
f) Uns gefällt die Straßenbahn, **die alt ist und quietscht.**
g) Ich lese ein Buch, **das spannend ist.**
h) Wir verlassen das Schwimmbad, **das überfüllt ist.**

Seite 85

Aufgabe 1:

a) Zum Sommerfest laden Ina und Hanne ihre Freunde Mark, Till, Patrizia, Lars und Yasmin ein.
b) Alle sollen Salate, Brot, Saft, Kekse, Grillutensilien oder Kuchen mitbringen.
c) Alle freuen sich auf einen lauen, anregenden Sommerabend.
d) Die nächsten großen Ferien stehen vor der Tür.

Aufgabe 2:

a) Ina, die Gastgeberin, hängt Lampions im Garten auf, während Alex, eine guter Koch, in der Schokoladencreme rührt.
b) Mark, der Gitarrist, und Till, der Schlagzeuger, blasen unterdessen Luftballons auf.
c) Patrizia und Yasmin, zwei wirklich nette Mädchen, decken den Gartentisch.

Seite 86

Aufgabe 1:

Endlich, heute ist der letzte Schultag! Muss ich meine Schulbücher noch mitnehmen? Wir wollen in der Klasse über das vergangene Schuljahr sprechen. Was für Themen wohl angeschnitten werden? Es soll alles zur Sprache kommen, was gut und was schlecht war. Überlegt euch gut, was ihr sagen wollt! So hatte es jedenfalls unser Klassenlehrer uns aufgetragen. Der hat gut reden! Er weiß gar nicht, wie schwierig es ist, immer ehrlich zu sein, wenn man niemanden verletzen will. Kann ich Jens wirklich sagen, dass ich es gemein finde, wenn er immer Yasmin ärgert? Oder nimmt es mir der Lehrer krumm, wenn ich sage, dass ich seine Schrift an der Tafel nur schwer lesen kann? Ich bin gespannt, worüber die anderen sprechen werden! Claudia wird wahrscheinlich vom Klassenausflug sprechen. Was hat sie da geweint! Niemand hatte sie getröstet, als sie sich den Knöchel verstaucht hatte. Und dann unsere Klassenfeier! Alle hatten etwas zu essen mitgebracht und getanzt haben wir auch. Hoffentlich kommt nicht nur Schlechtes zur Sprache! Ob ich mich an alles erinnern kann?

S steht für das Subjekt, **P** für das Prädikat:
Die Bären (S) trotteten (P) durchs Gebüsch, niemand (S) konnte (P) sie stoppen (P). Die Kinder (S) kamen (P) pünktlich, blieben (P) aber alle (S) vor den Haus stehen (P). Sie (S) tranken (P) die Gläser aus (P) und sprangen (P) ins Boot, weg waren (P) sie (S). Viele Köche (S) verderben (P) den Brei, sagt (P) ein altes Sprichwort (S). Eines Tages, es (S) war (P) Winter, kam (P) die alte Katze (S) zurück (P).

Seite 87

Aufgabe 1:

Nebensätze sind fett gedruckt:
Die Frau, **die da steht**, könnte eine Geheimpolizistin sein. **Obwohl Günter keinen Spinat mochte**, hat er ihn immer gegessen. Der kleine Junge, **der seine Eltern suchte**, tat mir sehr Leid. Ich glaube nicht, **dass Laura einen neuen Freund hat**. Wir stiegen zur Burg, **die in der hellen Sonne lag**, hinauf.

Aufgabe 2:

Hauptsätze sind unterstrichen:
Meine beiden Brüder, die vier und zwei Jahre älter sind als ich, haben mir immer bei den Hausaufgaben geholfen.
Weil du mich in der Eissporthalle nicht gesehen hast, heißt das noch lange nicht, dass ich nicht da war.
Immer mehr Menschen in den Industriestaaten begreifen, dass man die Natur nicht ungestraft ausbeuten kann.
Während der Sommermonate kommt es in den Mittelmeerländern immer wieder zu Engpässen in der Wasserversorgung.
Der Personenzug fuhr langsam in den Bahnhof ein, nachdem das Signal ihm grünes Licht gegeben hatte.
Auch wenn die Autos immer zahlreicher werden, die einen Katalysator besitzen, so heißt das noch lange nicht, dass der Smog in den Städten beseitigt ist.

Seite 88

Aufgabe 1:

Völlig erschöpft, durstig, sandverkrustet und ganz verschwitzt erreichten sie die Oase. Sie kamen nicht zu Fuß, sondern ritten auf Kamelen. Es waren vier: der Reiseleiter, ein Engländer, zwei Belgier. Der Reiseleiter, ein Beduine, und der Engländer kannten sich gut aus.

Setze in die Lücke im Regelkasten: und / oder.

Aufgabe 2:

Als Tamara sich das Bein gebrochen hatte, wurde sie von Sven, Katja, Nils und Frau Bergmann, der Klassenlehrerin, besucht. Das war ja endlich mal eine freudige Überraschung! Ob die sich vorstellen konnten, wie langweilig ein ganzer Monat im Bett ist? Sven erzählte von den letzten beeindruckenden Neuigkeiten aus der 6 c, Frau Bergmann ergänzte und Nils zeigte die Fotos von der Preisverleihung im Rathaus.
Katja strahlte währenddessen fröhlich in die Runde, denn sie hatte den Sieg für die Schulstaffel geholt. Begeistert klopfte Tamara ihrer Freundin auf die Schulter, sie hatte sich wirklich selbst übertroffen!